Here are some of the drawings I made to illustrate the following publications:

Julio A. ALSON H. 1980. Estudio morfológico y anatómico de frutos y semillas de especies venezolanas de la familia Asclepiadaceae. Trabajo Especial de Grado. Universidad Central de Venezuela. Facultad de Ciencias. Escuela de Biología.

Julio ALSON HARAN. 1986. Les géophytes en Guyane française. Rapport de D.E.A. de Biologie Végétale Tropicale. Université Pierre & Marie Curie (Paris VI). Paris.

Julio ALSON-HARAN. 1987. Cover illustration. International Aerobiology Newsletter. N° 26.

Julio ALSON. 1995. Les géophytes du Venezuela: Morphologie, Biologie, Écologie. Thèse doctorat Université Paul Sabatier. Toulouse.

Julio ALSON. Réflexions et essai de typologie des géophytes tropicaux. Bull. Soc. Hist. Nat., Toulouse, 131, 1995, 67-65.

    These drawings show the aerial parts of Neotropical botanical species belonging to several families, the vast majority of which are flowering plants.

    But it is above all in the underground parts of those plants where these drawings are concentrated. In particular, in the perennial organs of plants called geophytes, as rhizomes, bulbs or tubers.

List of scientific names of drawn species:

Aa paleacea (Kunth) Rchb.f.

Adiantum serrato-dentatum Humb. & Bonpl. ex Willd.

Asclepias curassavica L.

Blepharodon mucronathum (Schltdl.) Decne.

Bletia campanulata Lex.

Bomarea bredemeyerana Herb.

Brachystele guayanensis (Lindl.) Schltr.

Caladium bicolor (Aiton) Vent.

Caladium smaragdinum K.Koch & C.D.Bouché

Calathea lutea (Aubl.) G.Mey. ex Schult.

Calathea maasiorum H.Kenn.

Canna indica L.

Canna glauca L.

Ceratosanthes palmata (L.) Urb.

Cleistes grandiflora (Aubl.) Schltr.

Corymborchis flava (Sw.) Kuntze
Crinum ornatum (L.f.) Bury

Curculigo scorzinerifolia (Lam.) Baker

Cypella linearis (Kunth) Baker

Cipura paludosa Aubl.

Cyrtosperma americanum Engl.

Dichorisandra hexandra (Aubl.) C.B.Clarke

Dioscorea birschelii Harms ex R.Knuth

Dioscorea fendleri R.Kunth

Dioscorea melastomatifolia Uline ex Prain & Burkill

Dioscorea polygonoides Humb. & Bonpl. ex Willd.

Dorstenia brasiliensis Lam.

Dorstenia contrajerva L.

Dracontium polyphyllum L.

Eleutherine bulbosa (Mill.) Urb.

Eriosema simplicifolium (DC.) G.Don

Eryngium ebracteatum Lam.

Galeandra styllomisantha (Vell.) Hoehne

Gonolobus lasiostomus Decne.

Gonolobus rostratus (Vahl) Schult.

Habenaria entomantha (Lex.) Lindl.

Habenaria gollmeri Schltr.

Habenaria monorrhiza (Sw.) Rchb.f.

Habenaria rodeiensis Barb.Rodr.

Heliconia bihai (L.) L.

Heliconia densiflora B.Verl.

Heliconia lourteigiae Emygdio & E.Santos

Heliconia psittacorum L.f.

Hymenocallis littoralis (Jacq.) Salisb.

Hymenocallis tubiflora Salisb.

Hymenocallis venezuelensis Traub

Hypolytrum pulchrum (Rudge) H.Pfeiff.

Hypoxis decumbens L.

Hippeastrum puniceum (Lam.) Kuntze

Hippeastrum solandriflorum (Lindl.) Herb.

Hydrocotyle umbellata L.

Ichtyothere terminalis (K.P.J. Sprengel) S.F. Blake

Ipomoea capillacea (Kunth) G.Don

Kohleria hirsuta (Kunth) Regel

Kyllinga pumila Michaux

Liparis vexillifera (Lex.) Cogn.

Macroptilium gracile (Poepp. ex Benth.) Urb.

Manihot esculenta Krantz

Mapania sylvatica Aubl.

Maranta arundinacea L.

Mirabilis jalapa L.

Myrosma cannaefolia L.F.

Ophioglossum crotalophoroides Walter

Ophioglossum reticulatum L.

Oxalis latifolia Kunth

Paspalum maritimum Trin.

Peperomia peruviana (Miq.) Dahlst.

Pteridium aquilinum (L.) Kuhn

Renealmia thyrsoidea (Ruiz & Pav.) Poepp. & Endl.

Sanicula liberta Cham. & Schltdl.

Schoenocaulon officinale (Schltdl. & Cham.) A.Gray.

Scleria cyperina Willd. ex Kunth

Scleria distans Poir.

Sinningia incarnata (Aubl.) D.L.Denham

Spartina brasiliensis Raddi

Spathiphyllum humboldtii Schott

Stevia elatior Kunth

Stigmaphyllon sinuatum (DC.) A.Juss.

Stromanthe tonckat (Aubl.) Eichler

Trimezia martinicensis (Jacq.) Herb.

Wullschlaegelia aphylla (Sw.) Rchb.f.

Xanthosoma helleborifolium (Jacq.) Schott

Xanthosoma nitidum G.S.Bunting

Zephiranthes rosea Lindl.

List of drawn species (the page numbers are indicated in parentheses):

ACANTHACEAE

Ruellia geminiflora (93)

ADIANTACEAE

Adiantum serrato-dentatum (106)

ALSTROEMERIACEAE

Bomarea bredemeyerana (56)

AMARYLLIDACEAE

Crinum ornatum (60)

Hippeastrum puniceum (59-60)

Hippeastrum solandriflorum (28)

Hymenocallis littoralis (107)

Hymenocallis tubiflora (57-58)

Hymenocallis venezuelensis (30)

Zephiranthes rosea (76)

APIACEAE

Eryngium ebracteatum (121)

Hydrocotyle umbellata (118)

Sanicula liberta (113)

APOCYNACEAE

Asclepias curassavica (19)

Blepharodon mucronatum (19-20)

Gonomobus lasiostomus (20)

Gonolobus rostratus (19)

ARACEAE

Caladium bicolor (71-72)

Caladium smaragdinum (35-38)

Cyrtosperma americanum (49-52)

Dracontium polyphyllum (53-54)

Spathiphyllum humboldtii (108)

Xanthosoma helleborifolium (65-67)

Xanthosoma nitidum (114-115)

ASTERACEAE

Ichtyothere terminalis (94)

Stevia elatior (120)

CANNACEAE

Canna indica (95)

Canna glauca (123-124)

COMMELINACEAE

Dichorisandra hexandra (116)

CONVOLVULACEAE

Ipomoea capillacea (119)

CUCURBITACEAE

Ceratosanthes palmata (73)

CYPERACEAE

Hypolytrum pulchrum (89)

Kyllinga pumila (98)

Scleria cyperina (97)

Scleria distans (98)

Mapania sylvatica (96)

DENNSTAEDTIACEAE

Pteridium aquilinum (29)

DIOSCOREACEAE

Dioscorea birschelii (61-62)

Dioscorea fendleri (55)

Dioscorea melastomatifolia (109)

Dioscorea polygonoides (40-46)

EUPHORBIACEAE

Manihot esculenta (99)

FABACEAE

Eriosema simplicifolium (91)

Macroptilium gracile (91)

GESNERIACEAE

Kohleria hirsuta (47-48)

Sinningia incarnata (21-22)

HELICONIACEAE

Heliconia bihai (39)

Heliconia densiflora (101)

Heliconia lourteigiae (110)

Heliconia psittacorum (112)

HYPOXIDACEAE

Curculigo scorzinerifolia (63-64)

Hypoxis decumbens (81-82)

IRIDACEAE

Cipura paludosa (102)

Cypella linearis (122)

Eleutherine bulbosa (83-84)

Trimezia martinicensis (103)

MALPIGHIACEAE

Stigmaphyllon sinuatum (104)

MARANTACEAE

Calathea lutea (69)

Calathea maasiorum (92)

Maranta arundinacea (68)

Myrosma cannaefolia (88-89)

Stromanthe tonckat (104)

MELANTHIACEAE

Schoenocaulon officinale (79-80)

MORACEAE

Dorstenia brasiliensis (105)

Dorstenia contrajerva (125-126)

NYCTAGINACEAE

Mirabilis jalapa (24-25)

OPHIOGLOSSACEAE

Ophioglossum crotalophoroides (117)

Ophioglossum reticulatum (70)

ORCHIDACEAE

Aa paleacea (74)

Bletia campanulata (78)

Brachystele guayanensis (77)

Cleistes grandiflora (72)

Corymborchis flava (87)

Galeandra styllomisantha (90)

Habenaria entomantha (23)

Habenaria gollmeri (23)

Habenaria monorrhiza (23)

Habenaria rodeiensis (111)

Liparis vexillifera (75)

Wullschlaegelia aphylla (86)

OXALIDACEAE

Oxalis latifolia (86)

PIPERACEAE

Peperomia peruviana (117)

POACEAE

Paspalum maritimum (100)

Spartina brasiliensis (100)

ZINGIBERACEAE

Renealmia thyrsoidea (31-34)

A few pollen grains and fungal spores carried by the air (127-128)

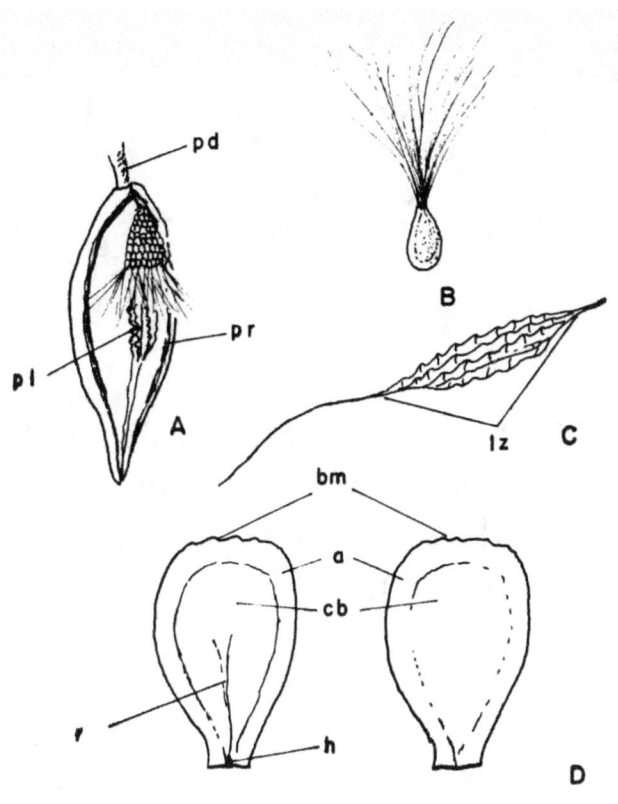

Fruit and seeds of the Asclepiadoideae subfamily of the Apocynaceae family. A: *Blepharodon mucronatum*. B: *Asclepias curassavica*. C: *Blepharodon mucronatum*. D: *Gonolobus rostratus*.

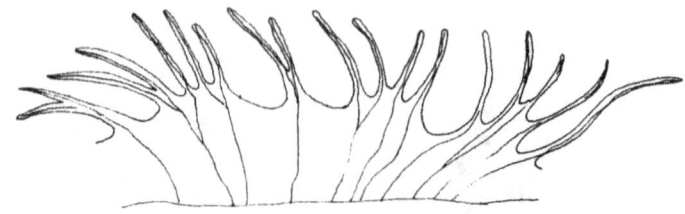

Laminar outgrowth of the placenta of the fruit of *Gonolobus lasiostomus* (Asclepiadoideae subfamily of the Apocynaceae family).

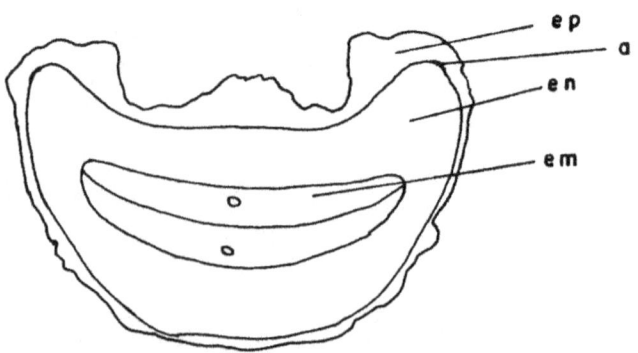

Schematic drawing of the cross-section of a seed of *Blepharodon mucronatum* (Asclepiadoideae subfamily of the Apocynaceae family).

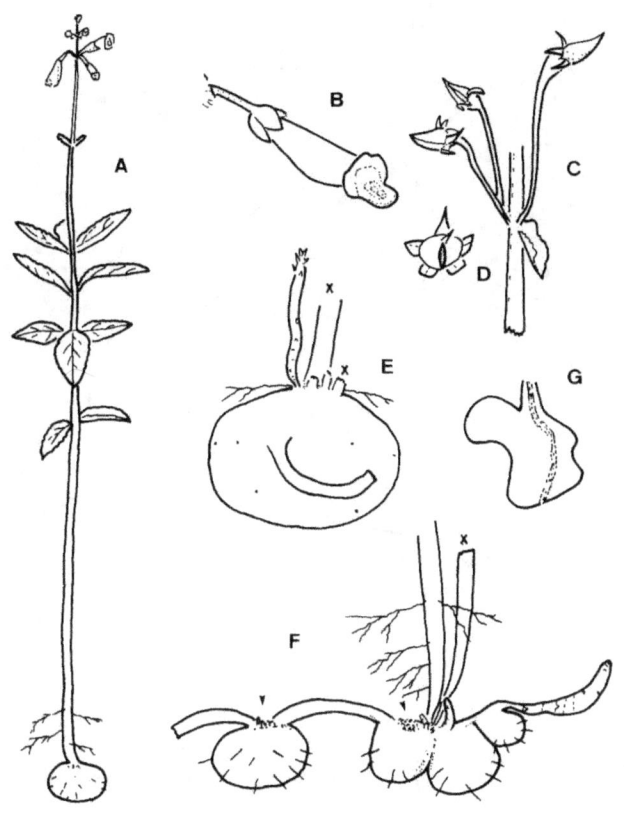

Sinningia incarnata (Gesneriaceae).

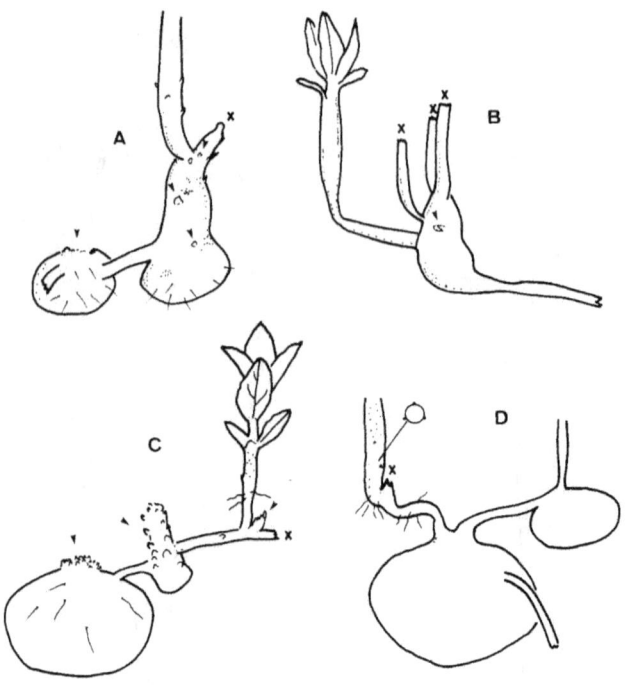

Sinningia incarnata (Gesneriaceae).

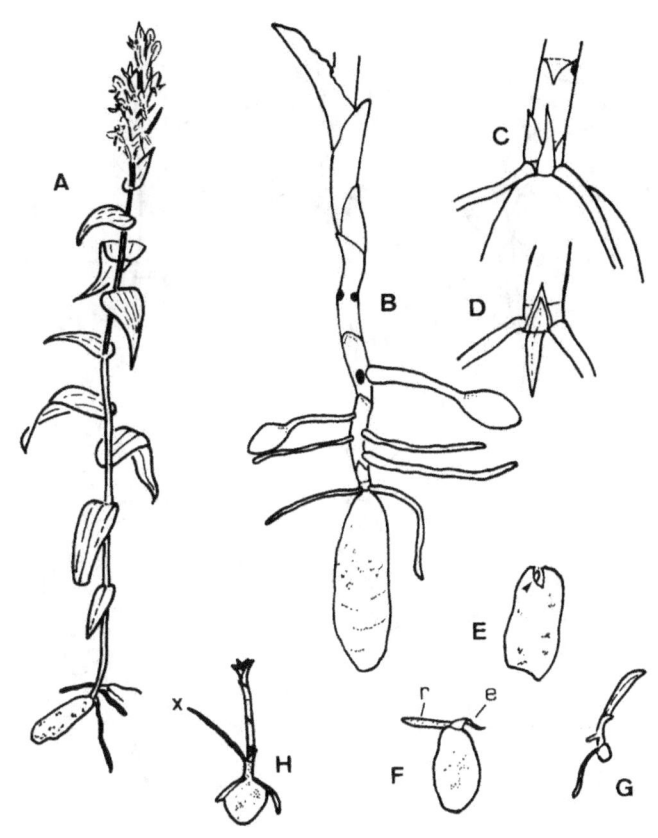

Habenaria (Orchidaceae): *H. monorrhiza* (A, E, F and G). *H. gollmeri* (B). *H. entomantha* (C and D).

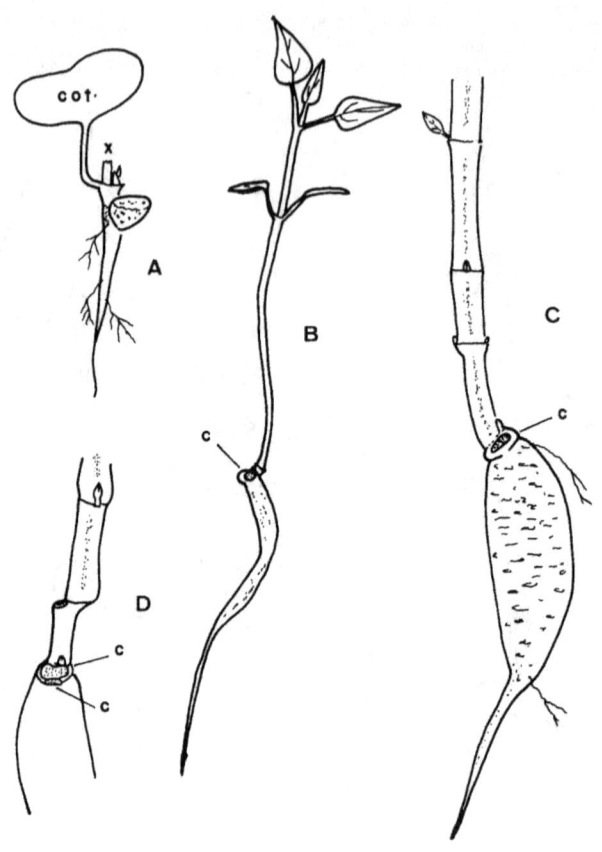

Mirabilis jalapa (Nyctaginaceae).

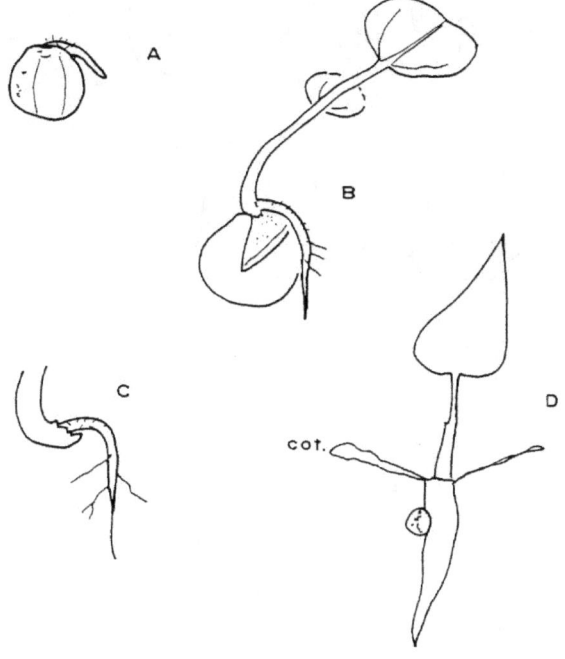

Mirabilis jalapa (Nyctaginaceae).

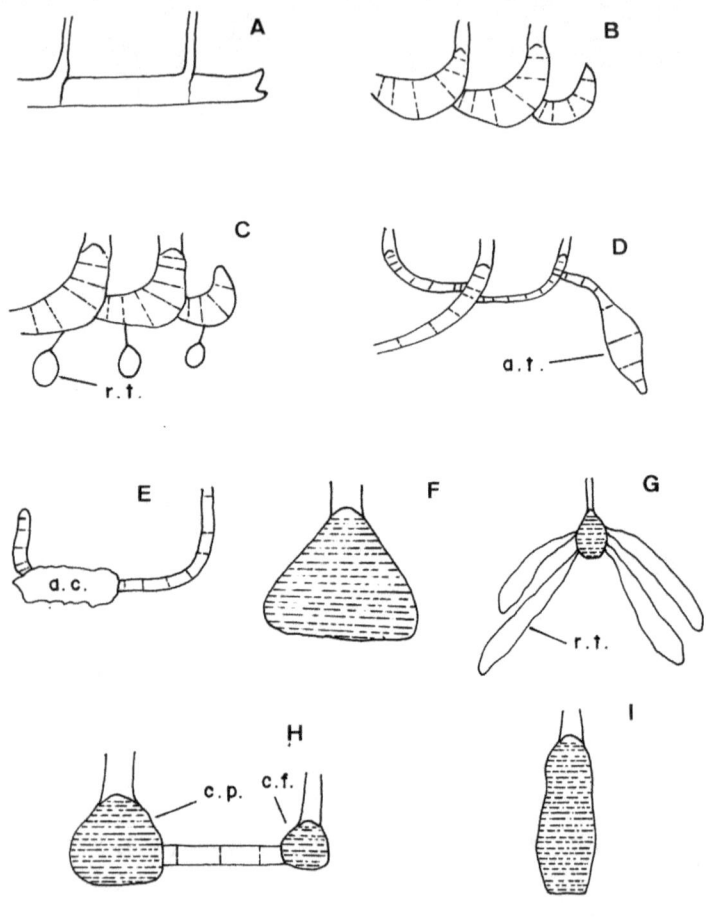

Schematic drawings of different types of underground organs of geophytes.

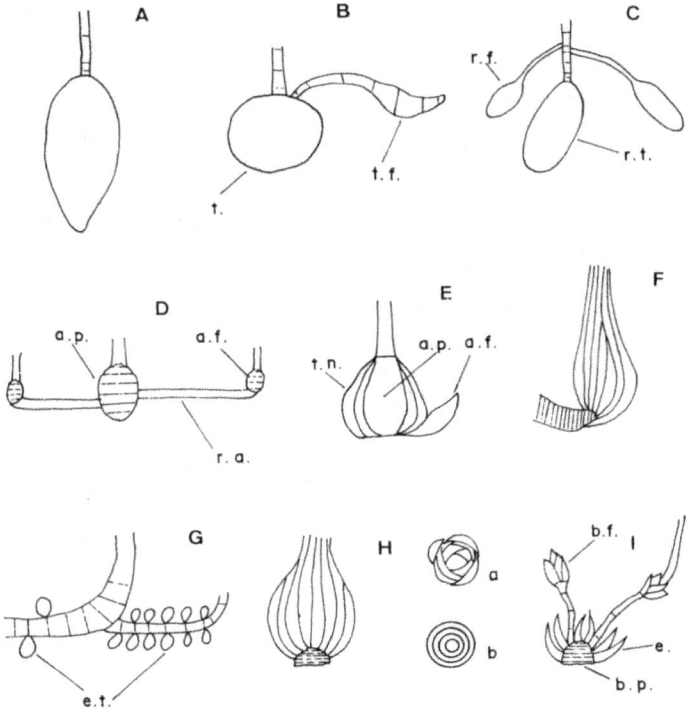

Schematic drawings of different types of underground organs of geophytes.

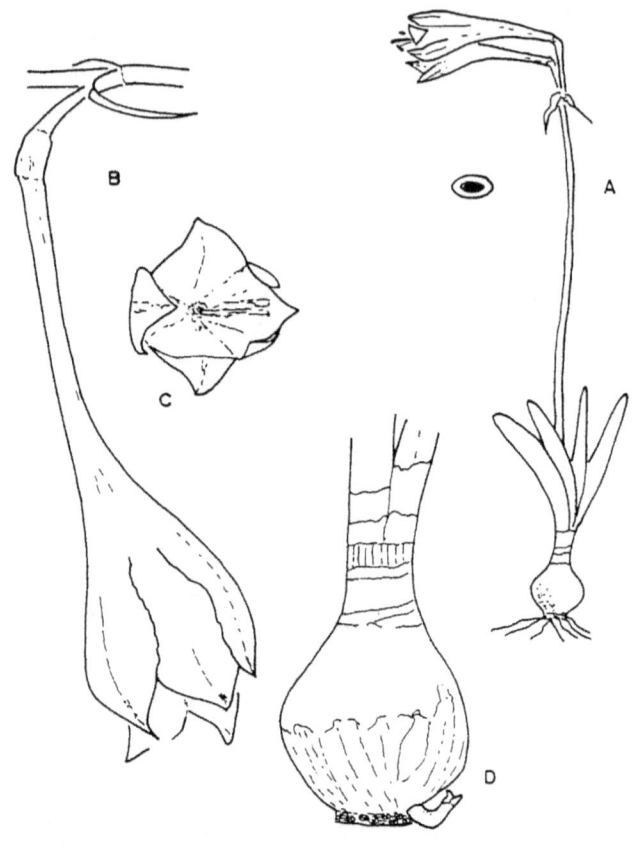

Hippeastrum solandriflorum (Amaryllidaceae).

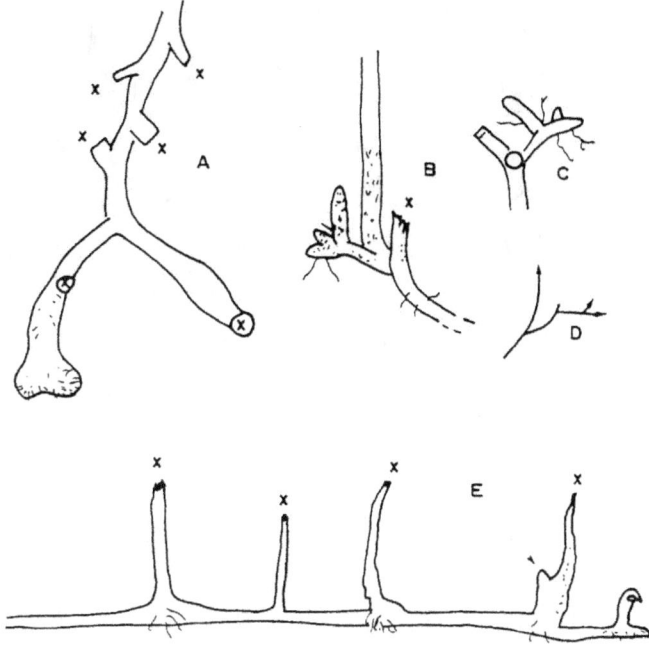

Pteridium aquilinum (Dennstaedtiaceae).

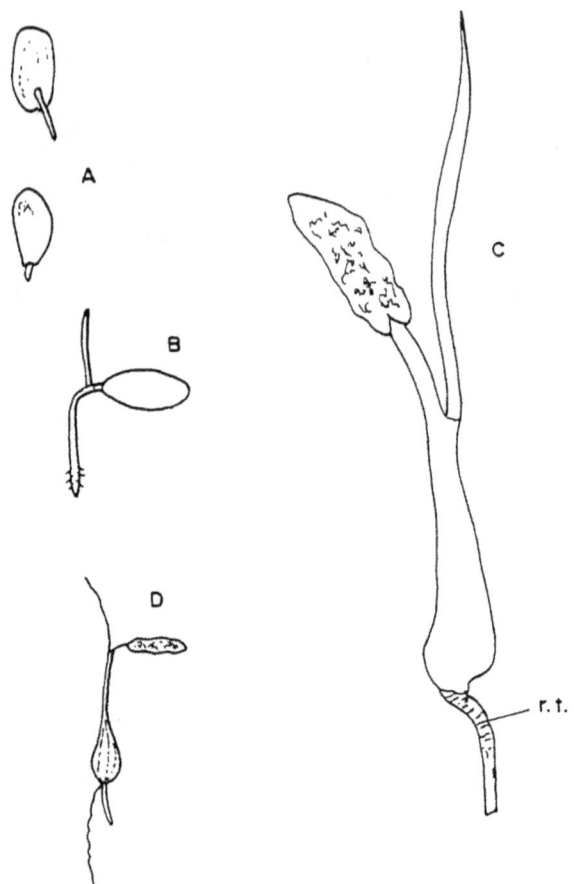

Hymenocallis venezuelensis (Amaryllidaceae).

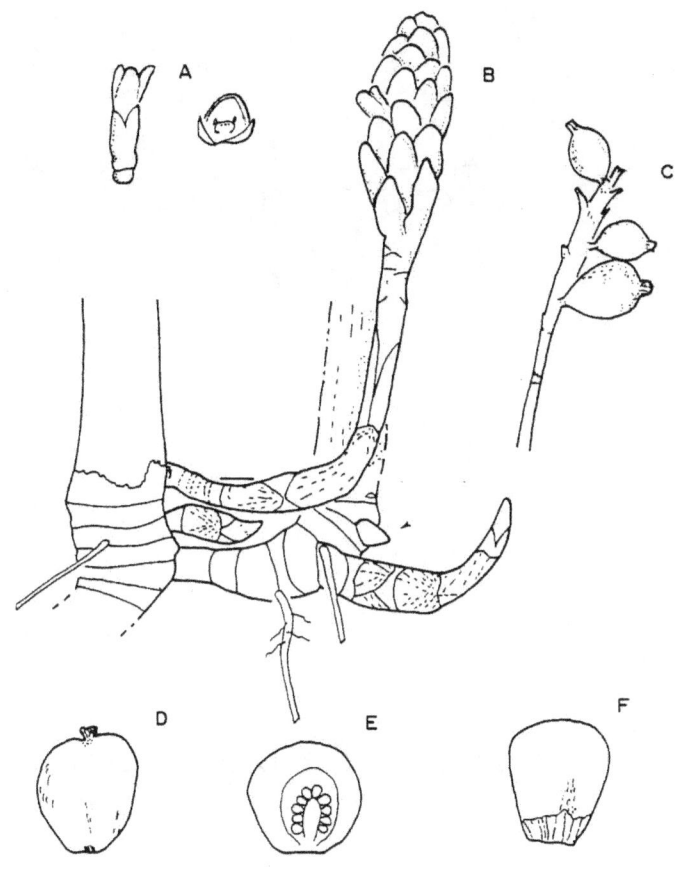

Renealmia thyrsoidea (Zingiberaceae).

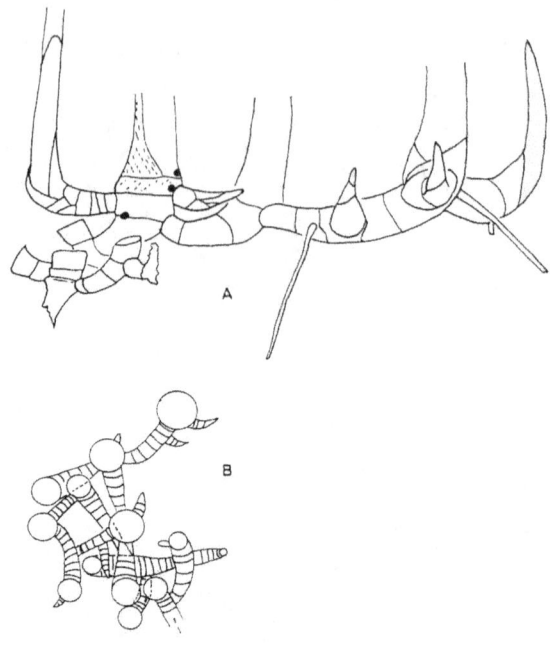

Renealmia thyrsoidea (Zingiberaceae).

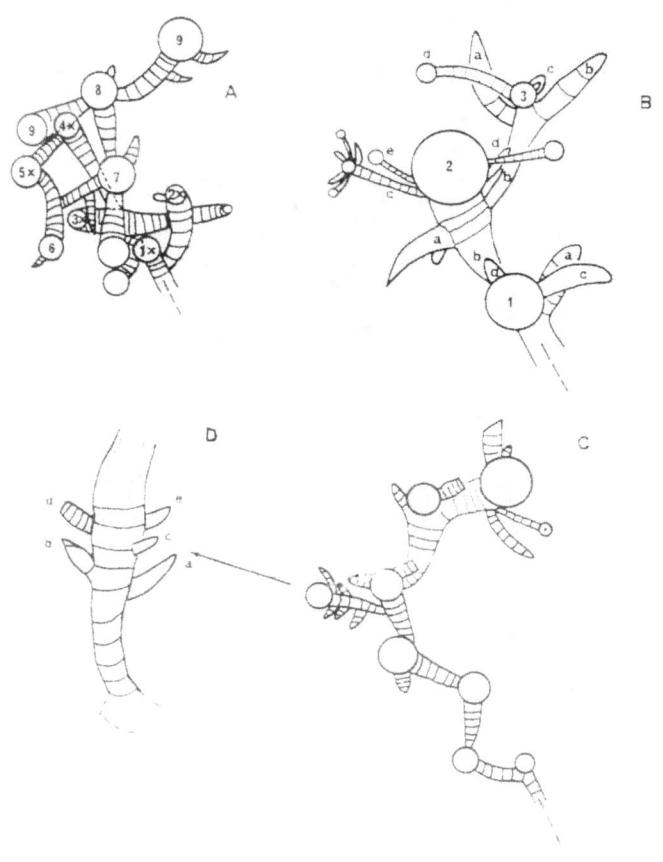

Renealmia thyrsoidea (Zingiberaceae).

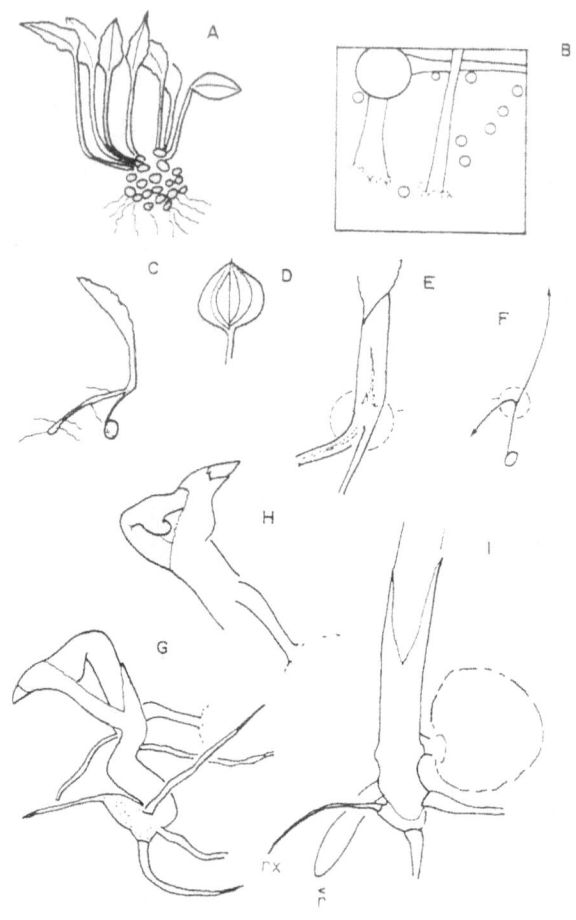

Renealmia thyrsoidea (Zingiberaceae).

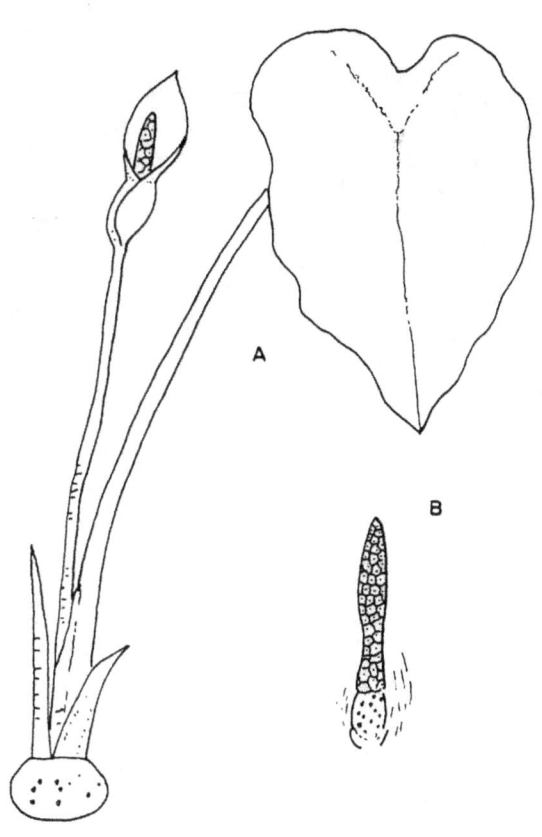

Caladium smaragdinum (Araceae).

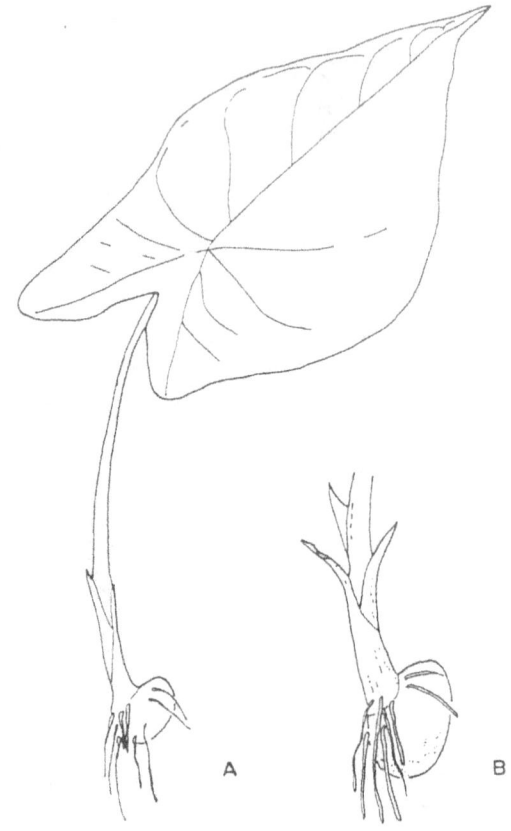

Caladium smaragdinum (Araceae).

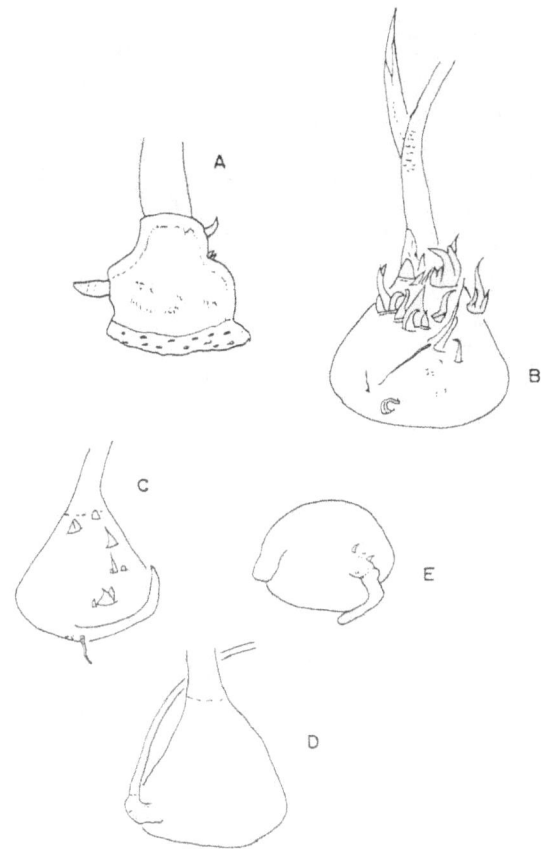

Caladium smaragdinum (Araceae).

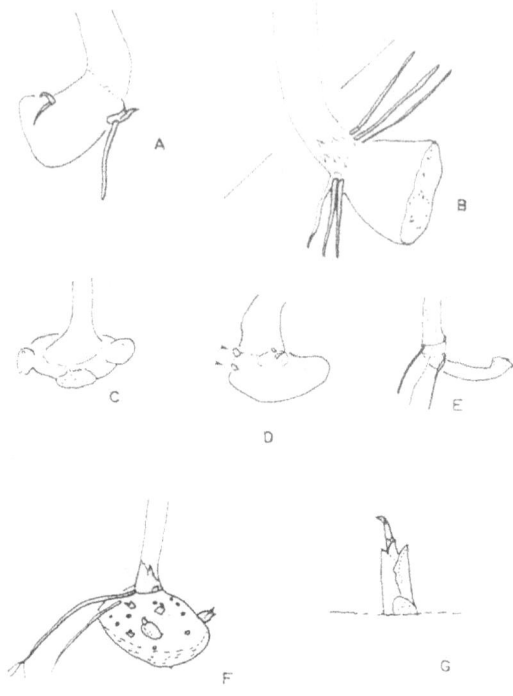

Caladium smaragdinum (Araceae).

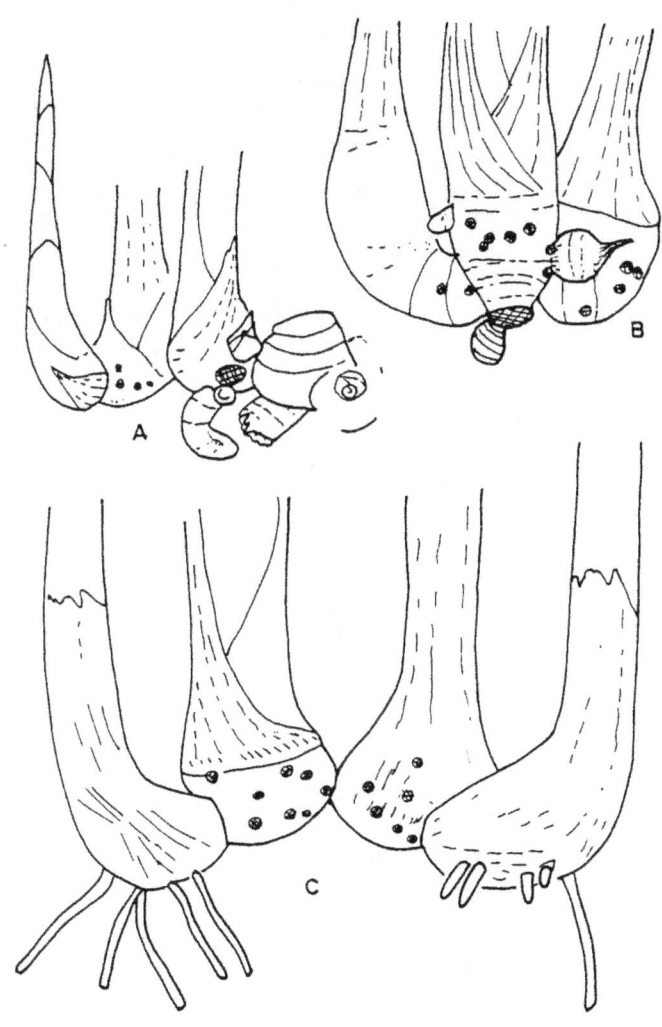

Heliconia bihai (Heliconiaceae).

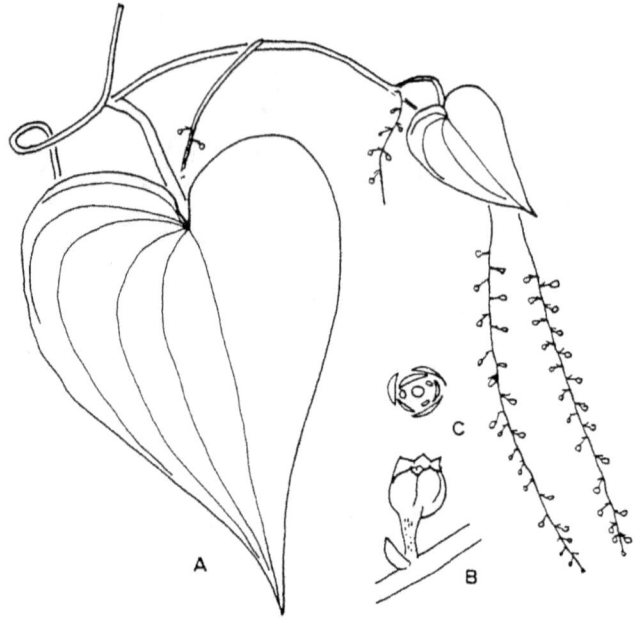

Dioscorea polygonoides
(Dioscoreaceae).

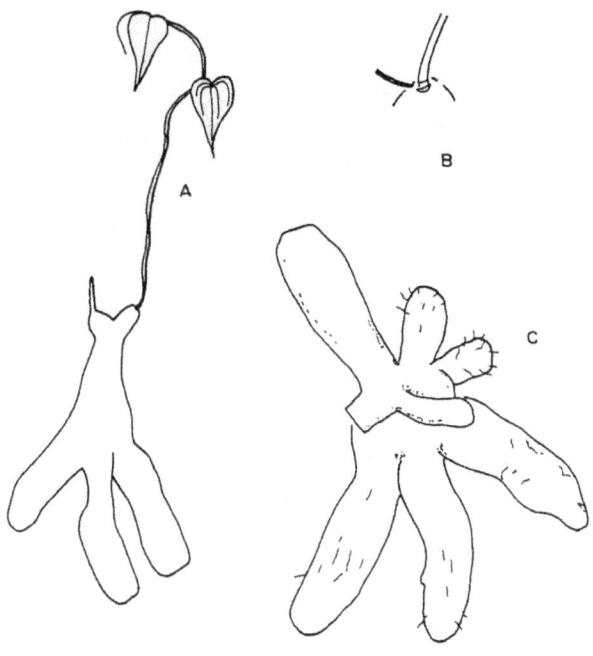

Dioscorea polygonoides (Dioscoreaceae).

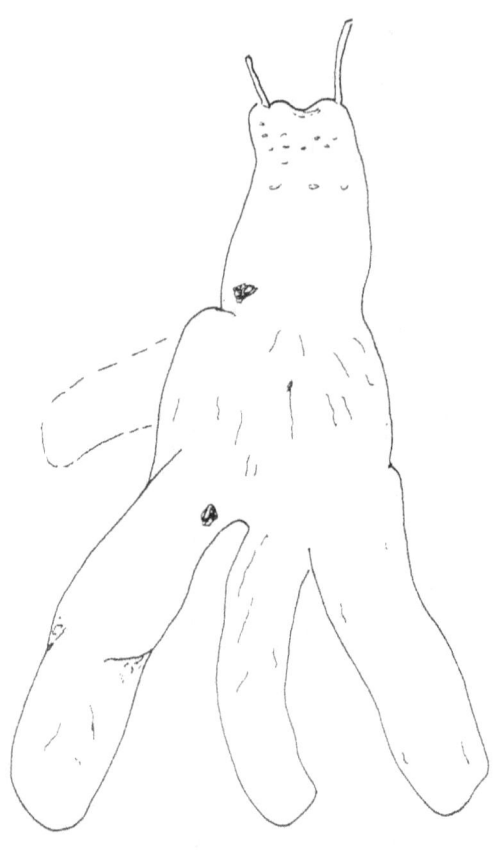

Dioscorea polygonoides (Dioscoreaceae).

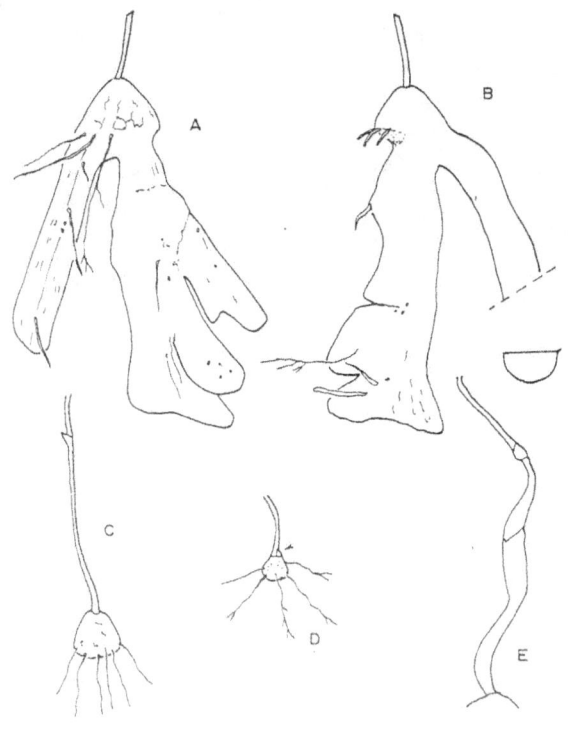

Dioscorea polygonoides (Dioscoreaceae).

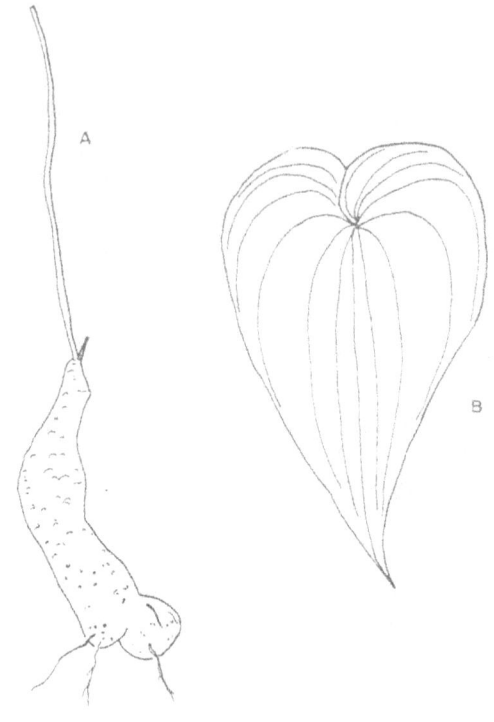

Dioscorea polygonoides (Dioscoreaceae).

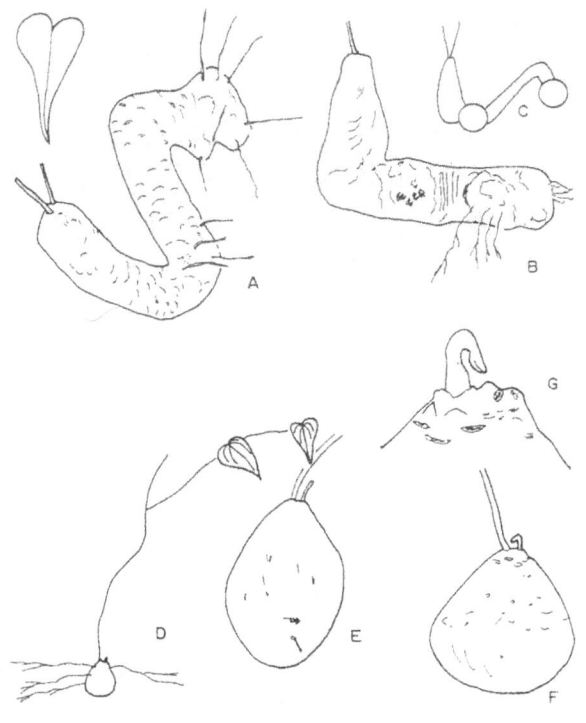

Dioscorea polygonoides (Dioscoreaceae).

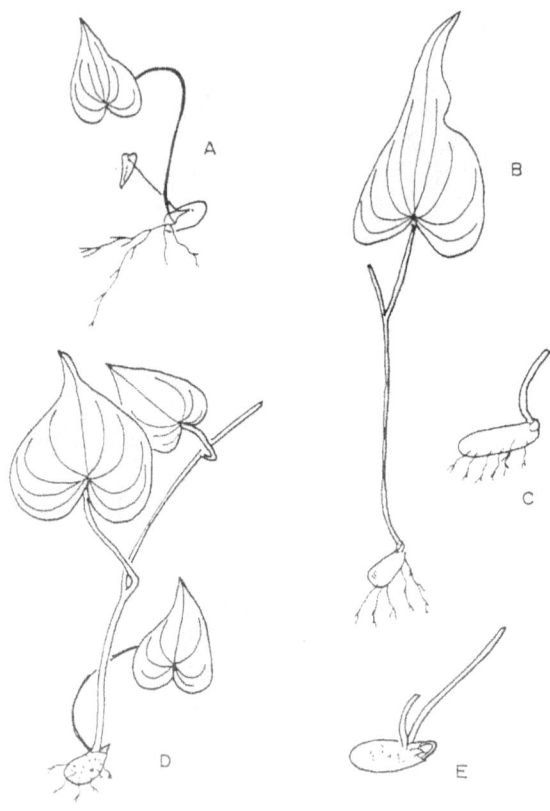

Dioscorea polygonoides (Dioscoreaceae).

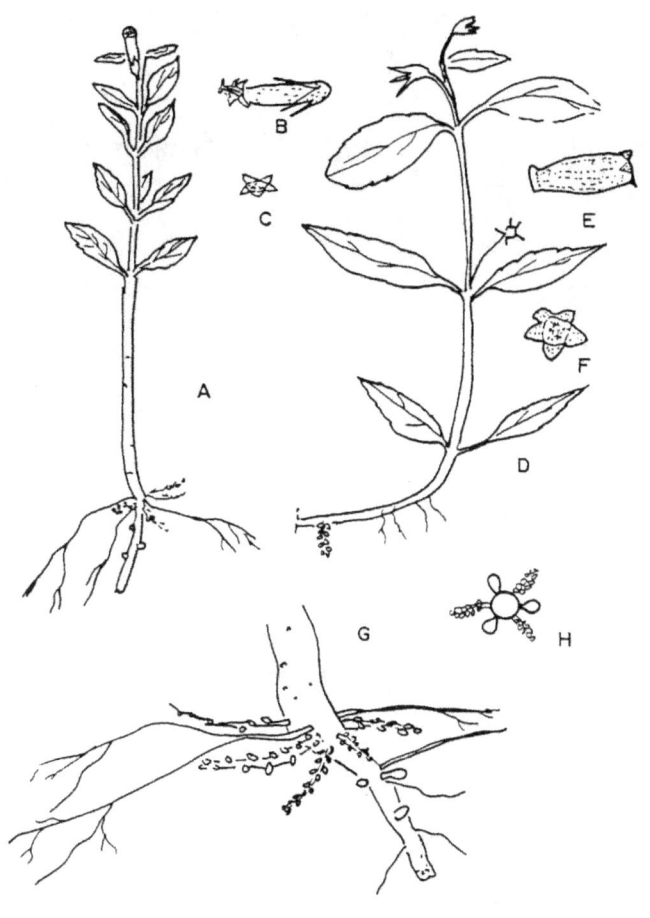

Kohleria hirsuta (Gesneriaceae).

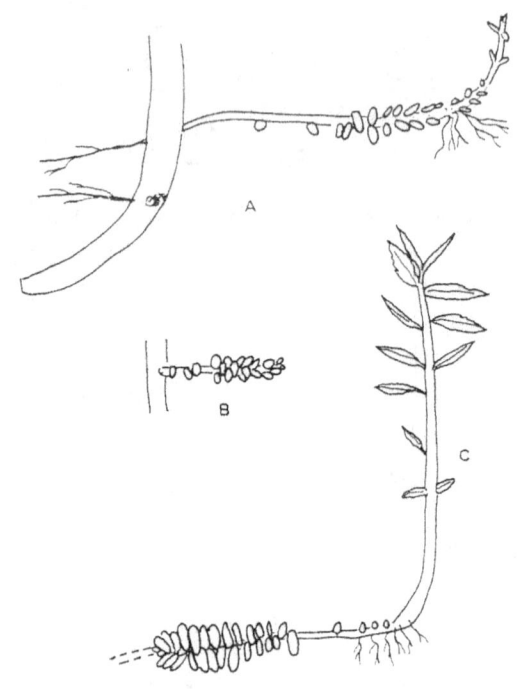

Kohleria hirsuta (Gesneriaceae).

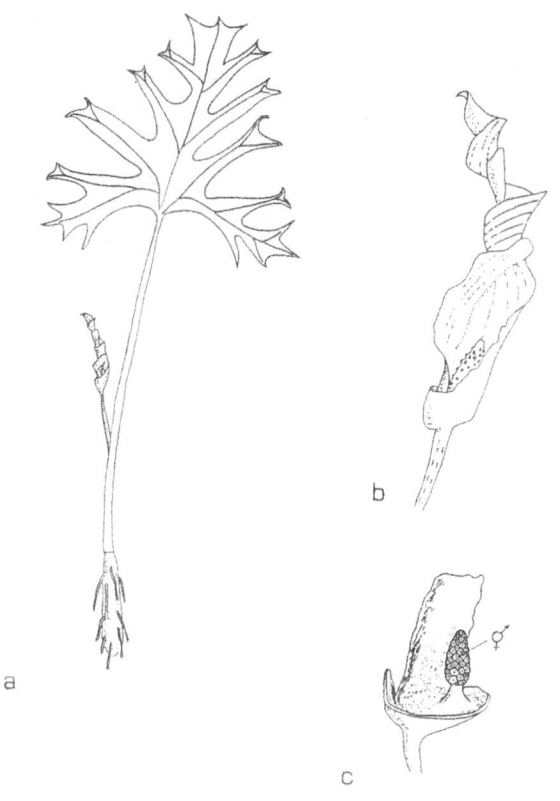

Cyrtosperma americanum (Araceae).

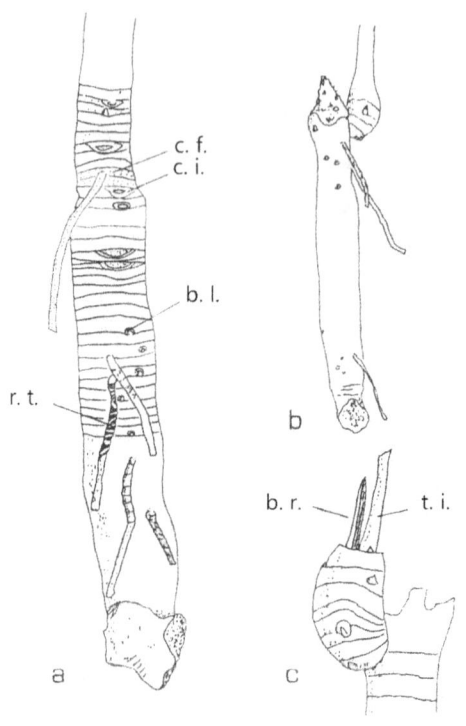

Cyrtosperma americanum (Araceae).

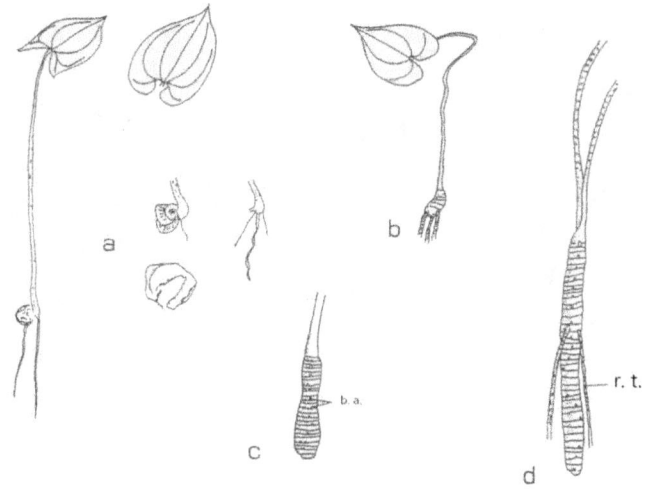

Cyrtosperma americanum (Araceae).

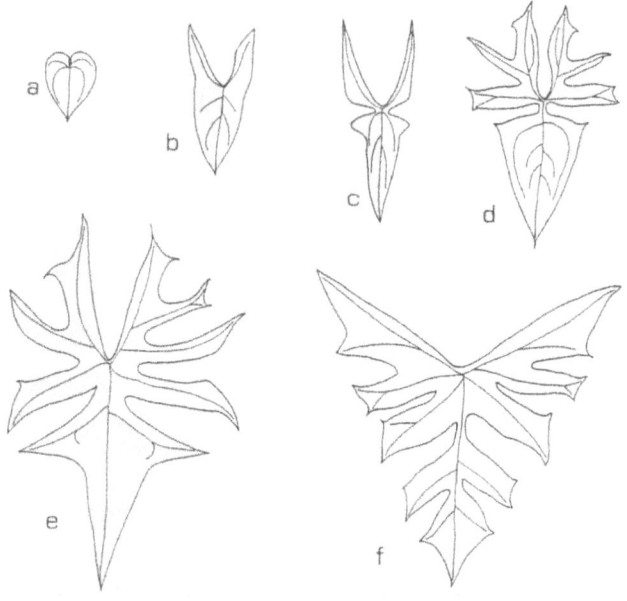

Cyrtosperma americanum (Araceae).

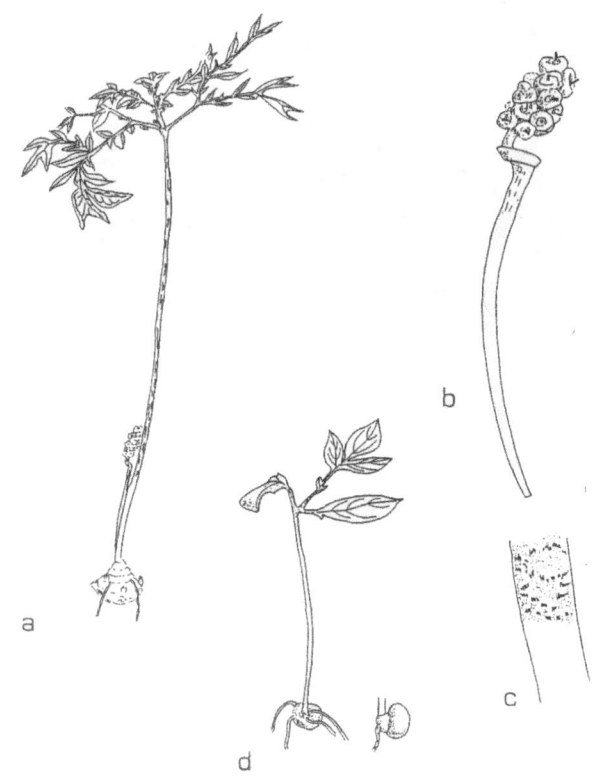

Dracontium polyphyllum (Araceae).

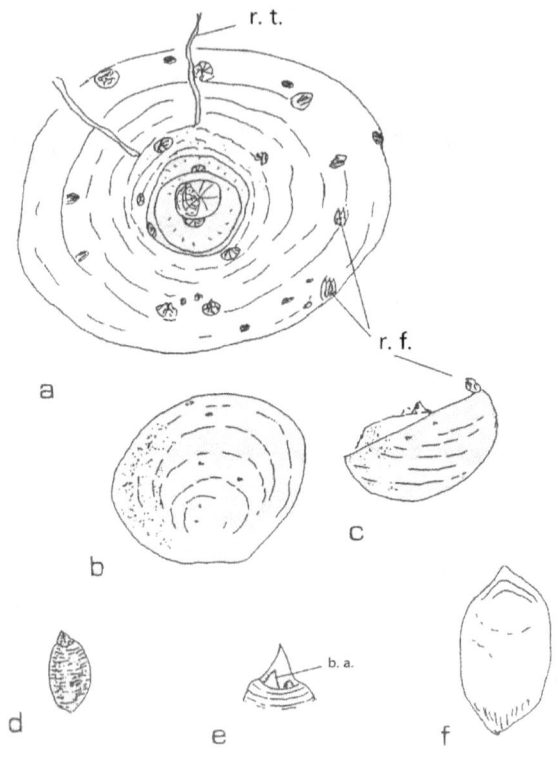

Dracontium polyphyllum (Araceae).

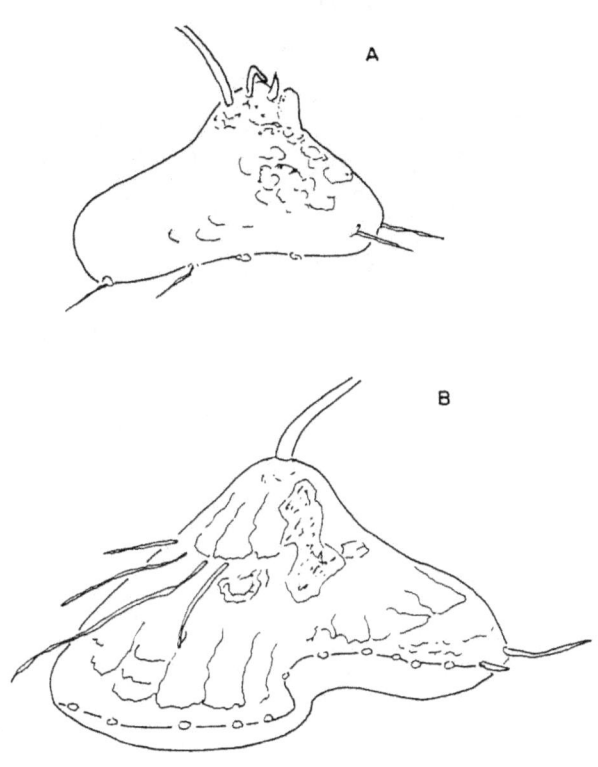

Dioscorea fendleri (Dioscoreaceae).

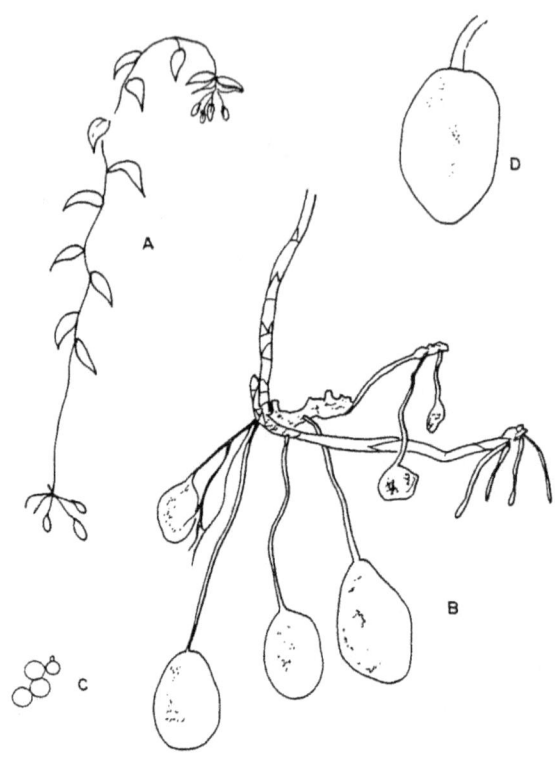

Bomarea bredemeyerana (Alstroemeriaceae).

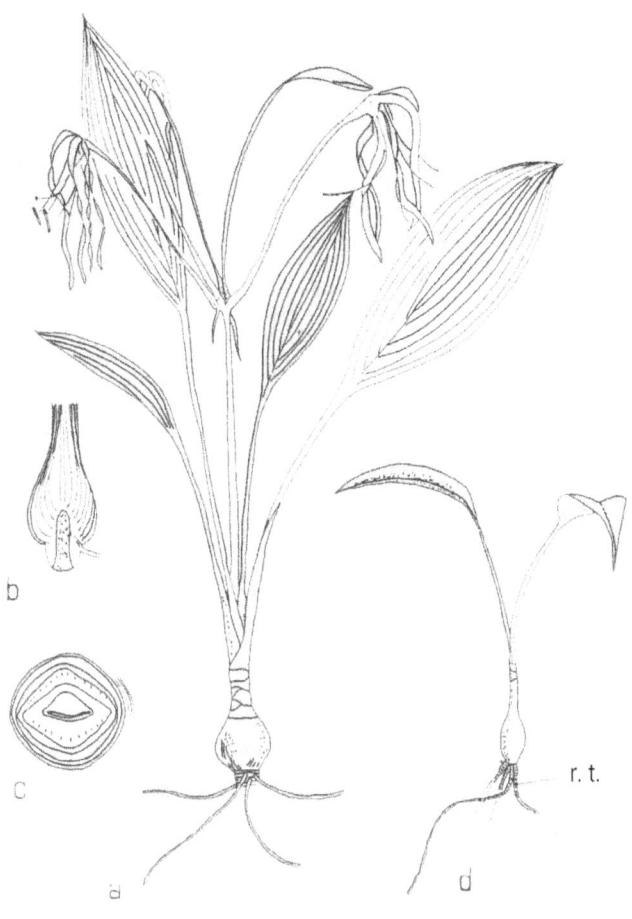

Hymenocallis tubiflora
(Amaryllidaceae).

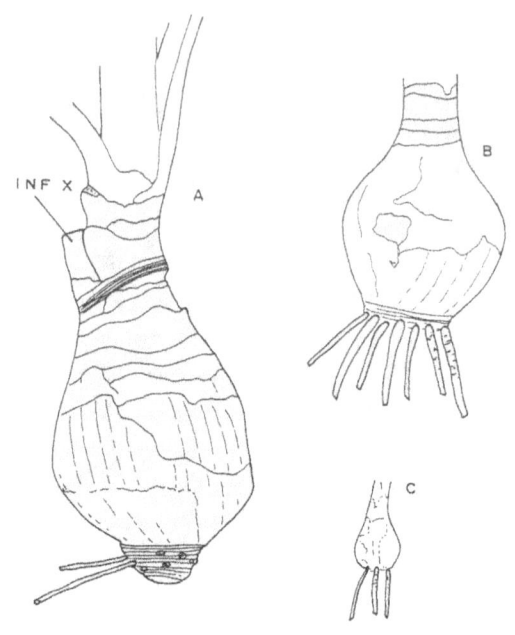

Hymenocallis tubiflora (Amaryllidaceae).

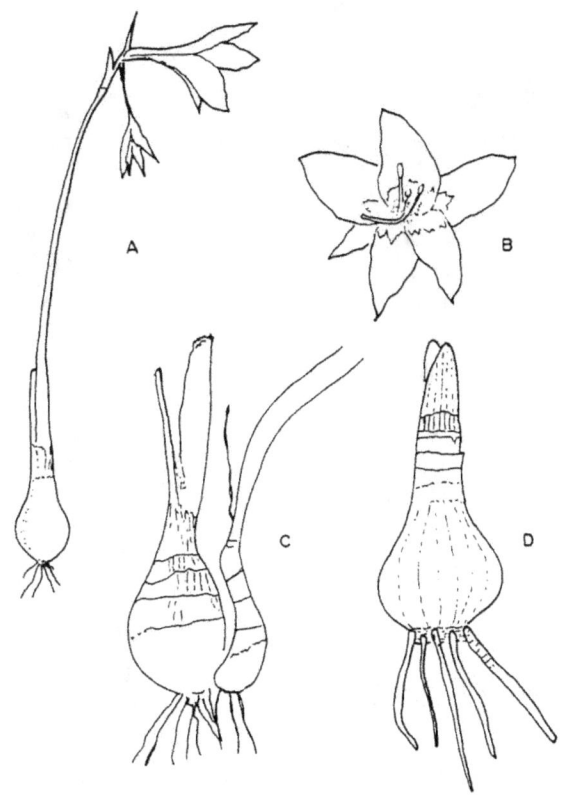

Hippeastrum puniceum (Amaryllidaceae).

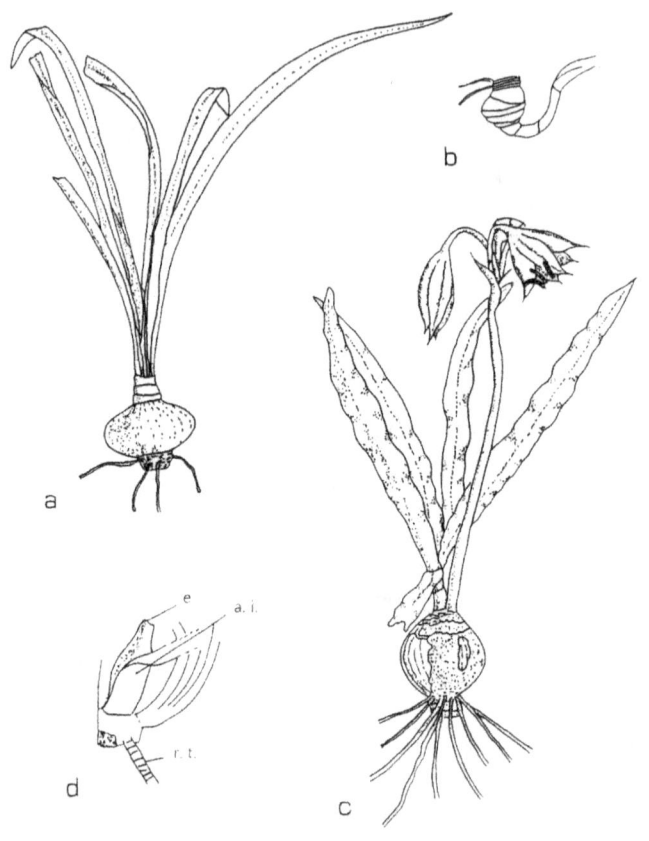

Hippeastrum puniceum (Amaryllidaceae) (a, b). *Crinum ornatum* (Amaryllidaceae) (c, d).

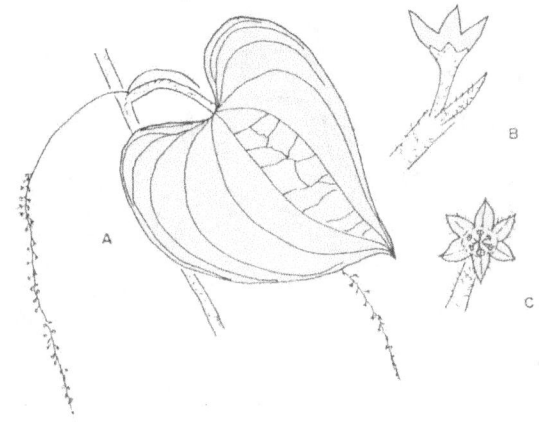

Dioscorea birschelii (Araceae).

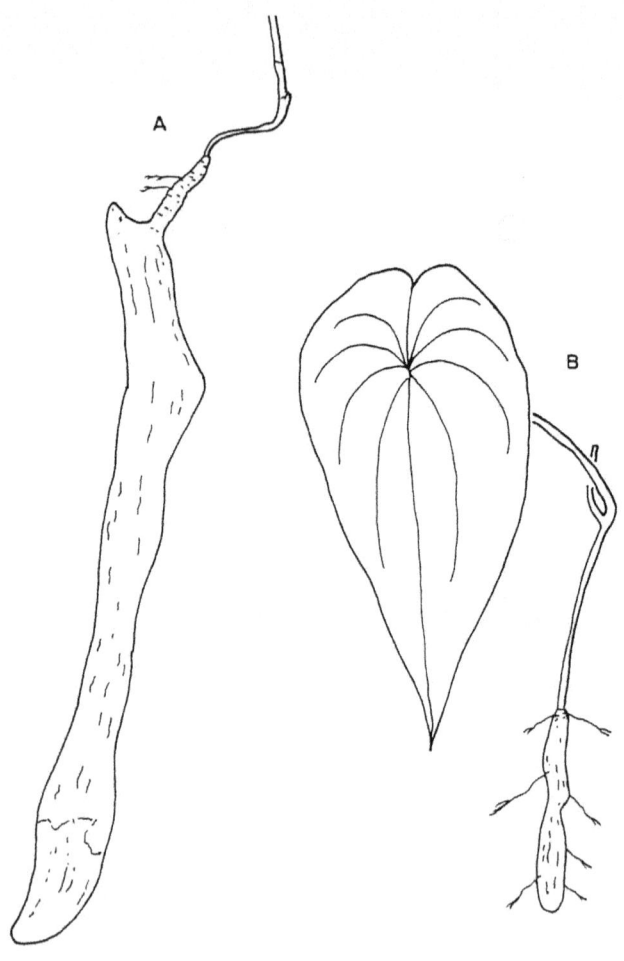

Dioscorea birschelii (Dioscoreaceae).

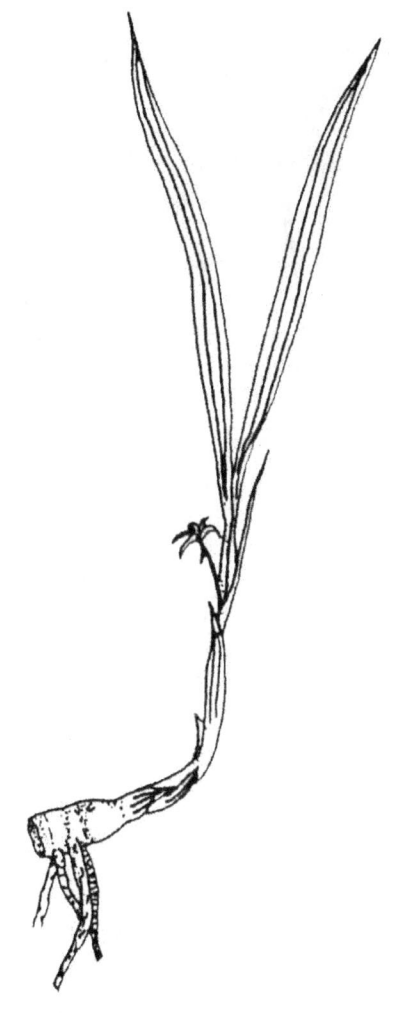

Curculigo scorzinerifolia
(Hypoxidaceae).

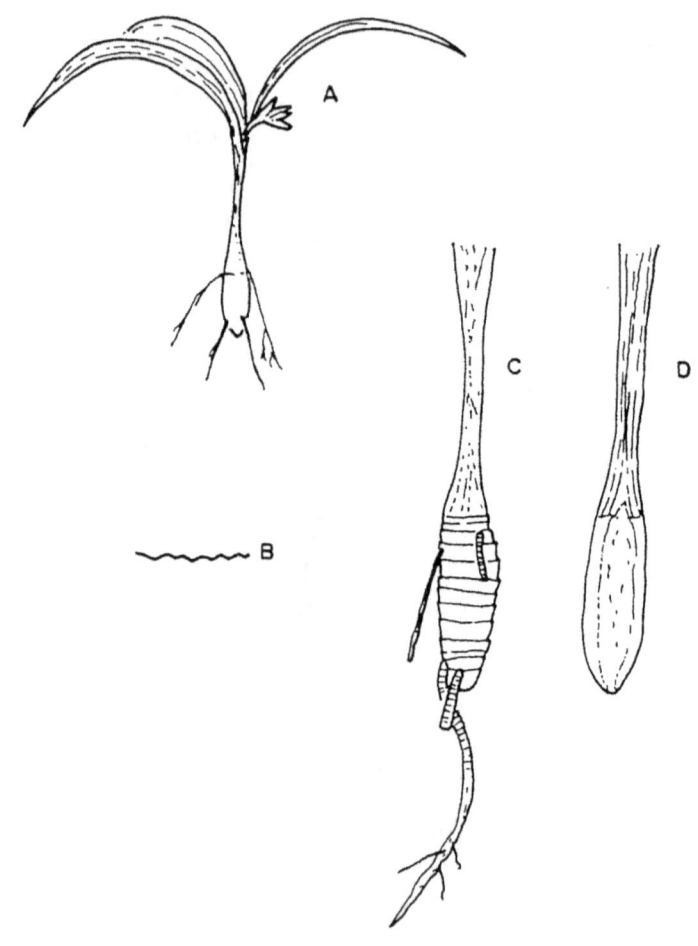

Curculigo scorzonerifolia (Hypoxidaceae).

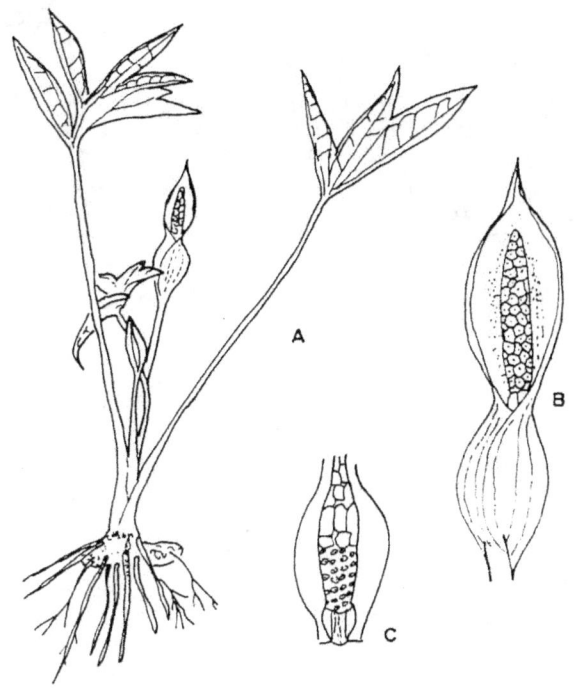

Xanthosoma helleborifolium (Araceae).

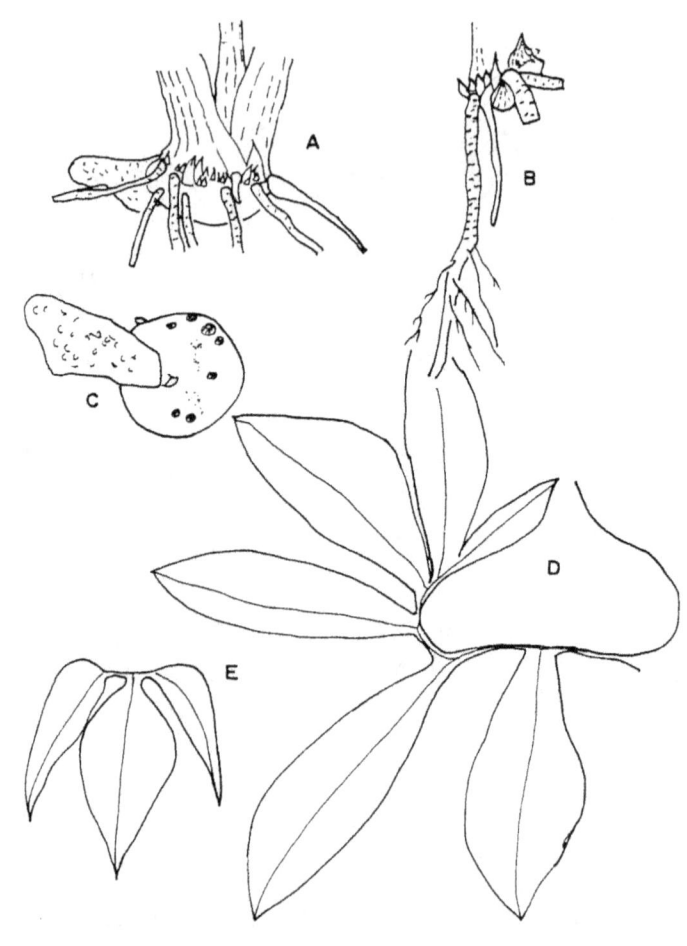

Xanthosoma helleborifolium (Araceae).

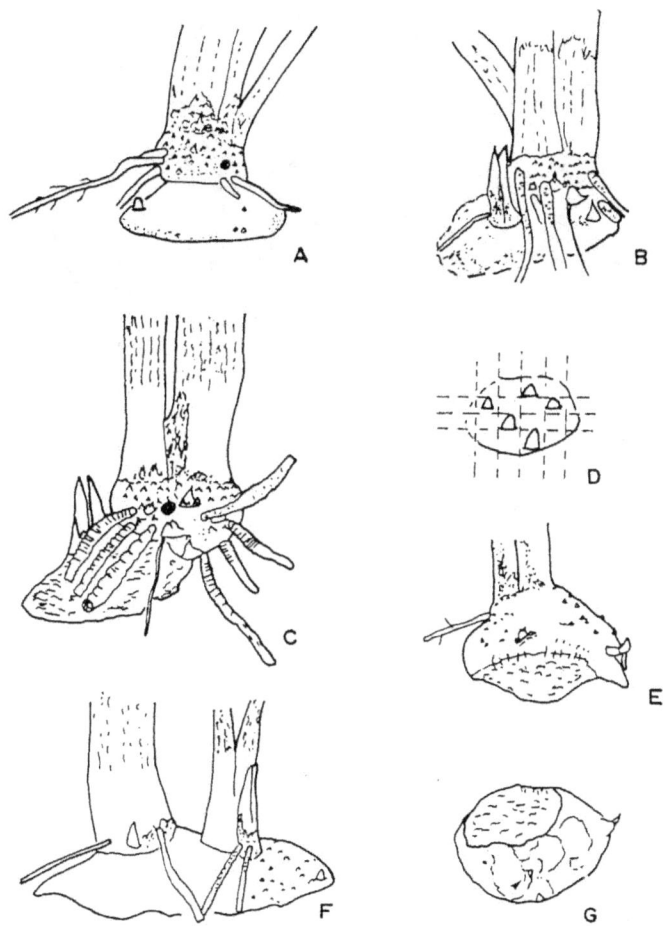

Xanthosoma helleborifolium (Araceae).

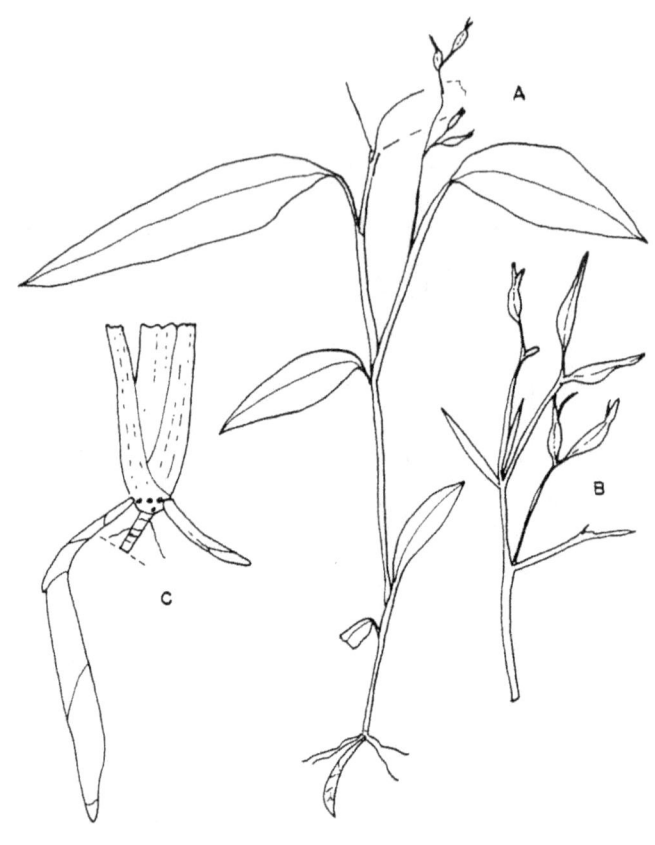

Maranta arundinacea (Marantaceae).

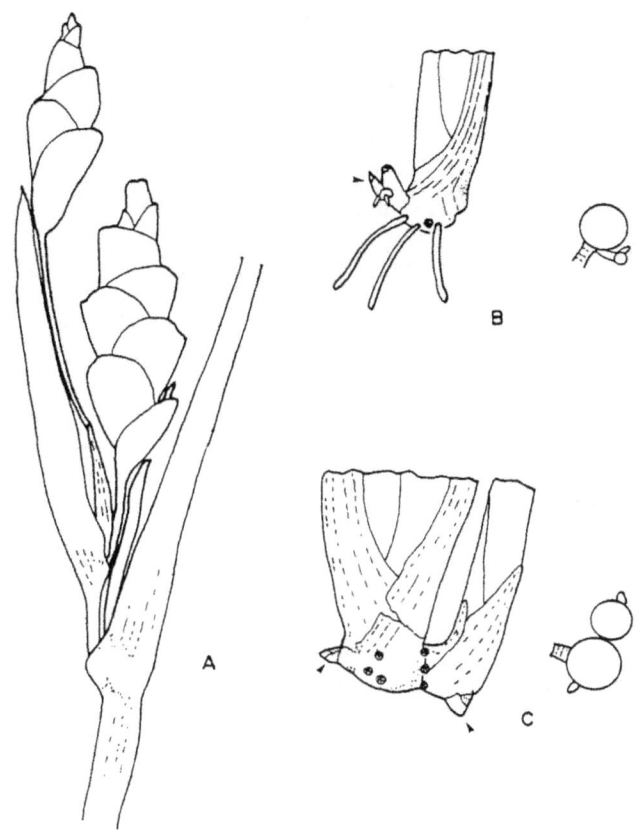

Calathea lutea (Marantaceae).

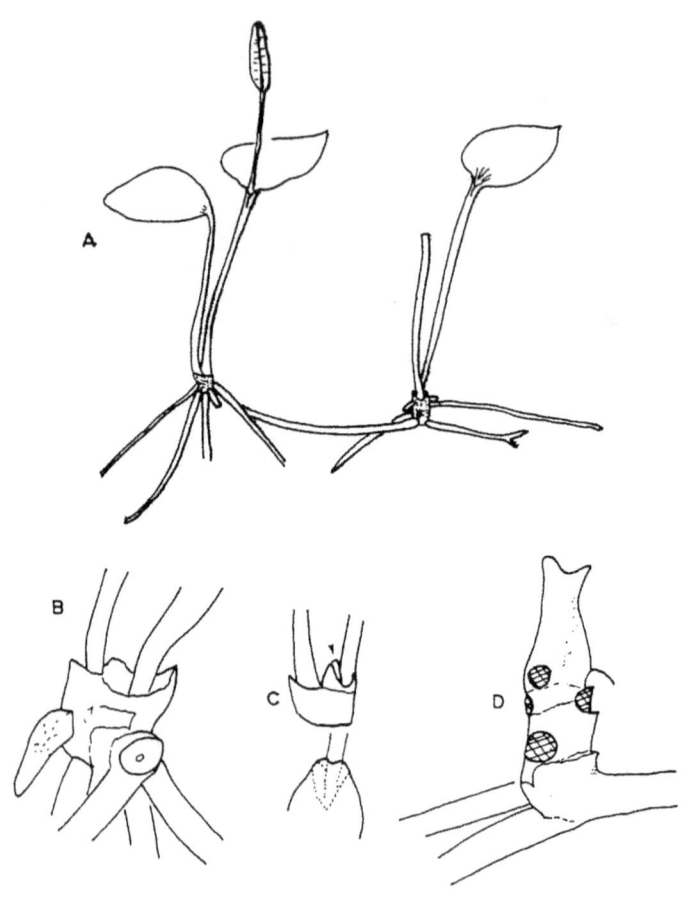

Ophioglossum reticulatum
(Ophioglossaceae).

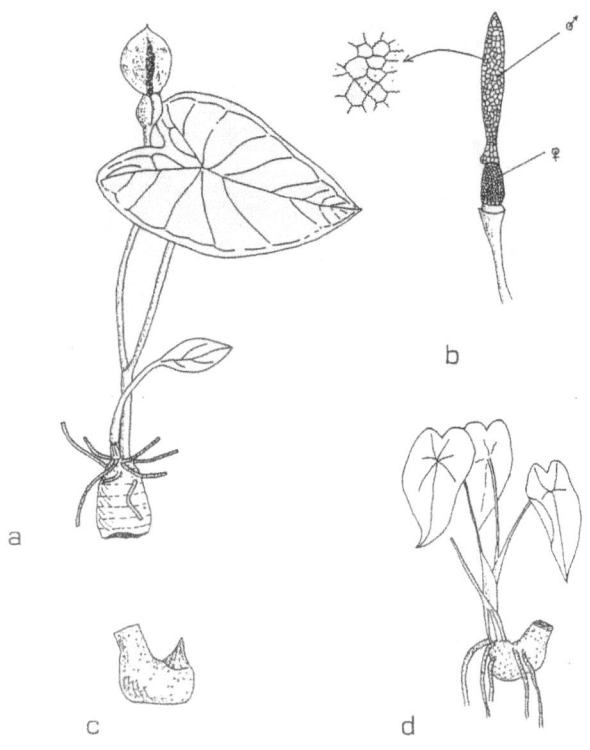

Caladium bicolor (Araceae).

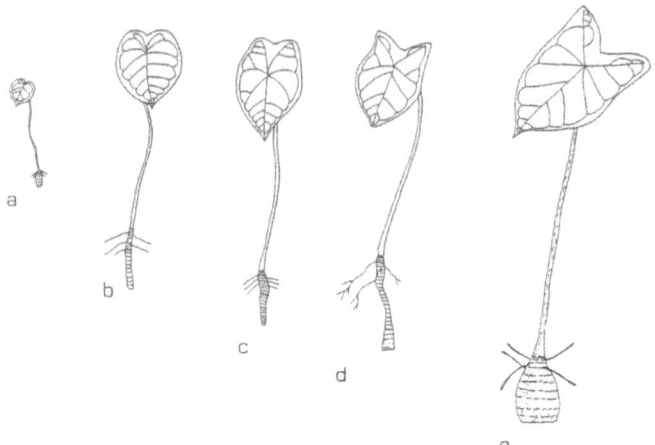

Caladium bicolor (Araceae).

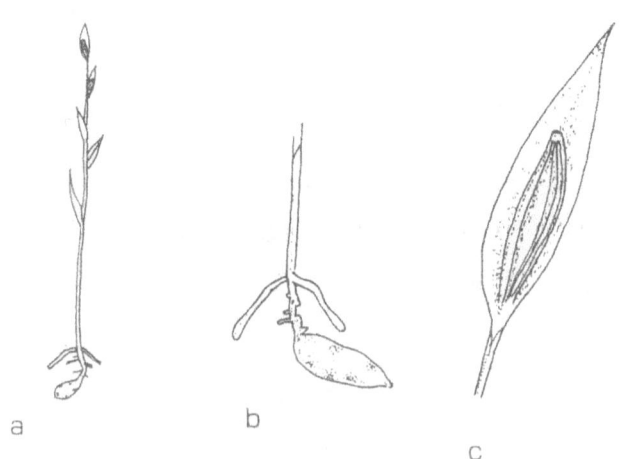

Cleistes grandiflora (Orchidaceae).

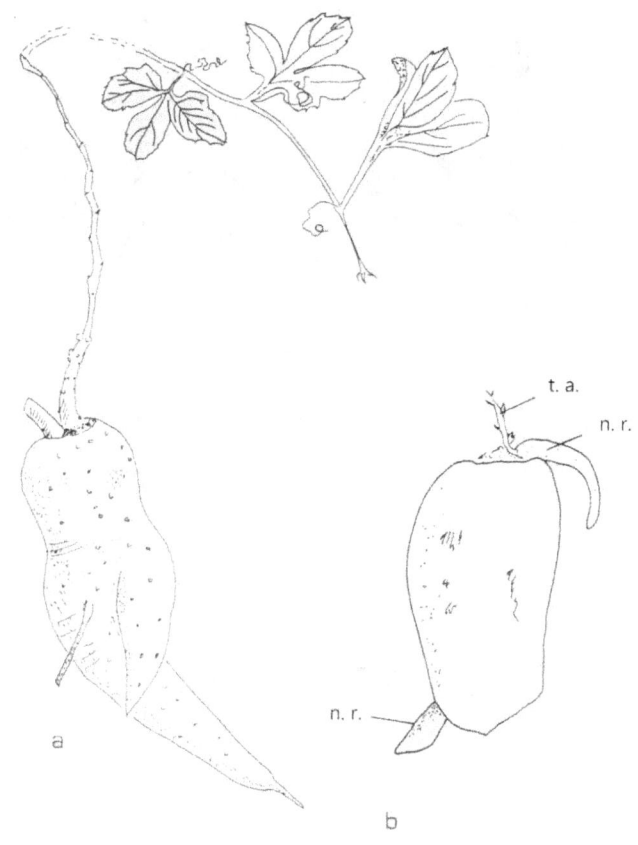

Ceratosanthes palmata (Cucurbitaceae).

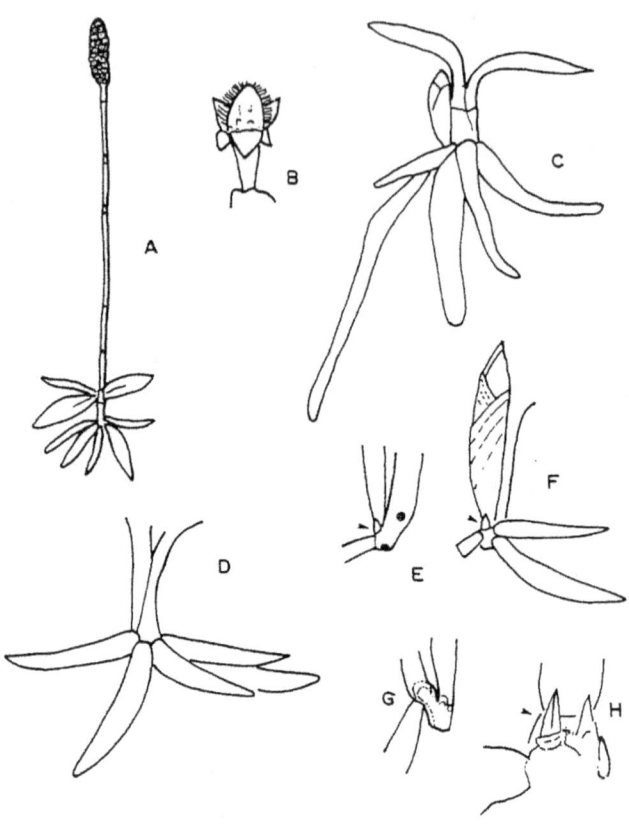

Aa paleacea (Orchidaceae).

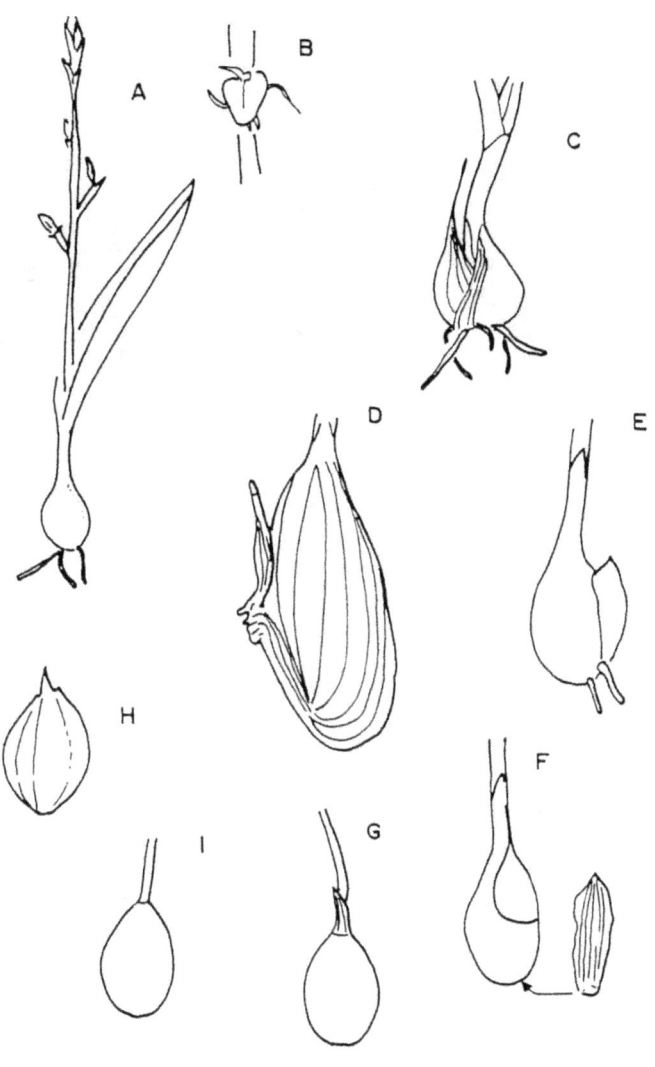

Liparis vexillifera (Orchidaceae).

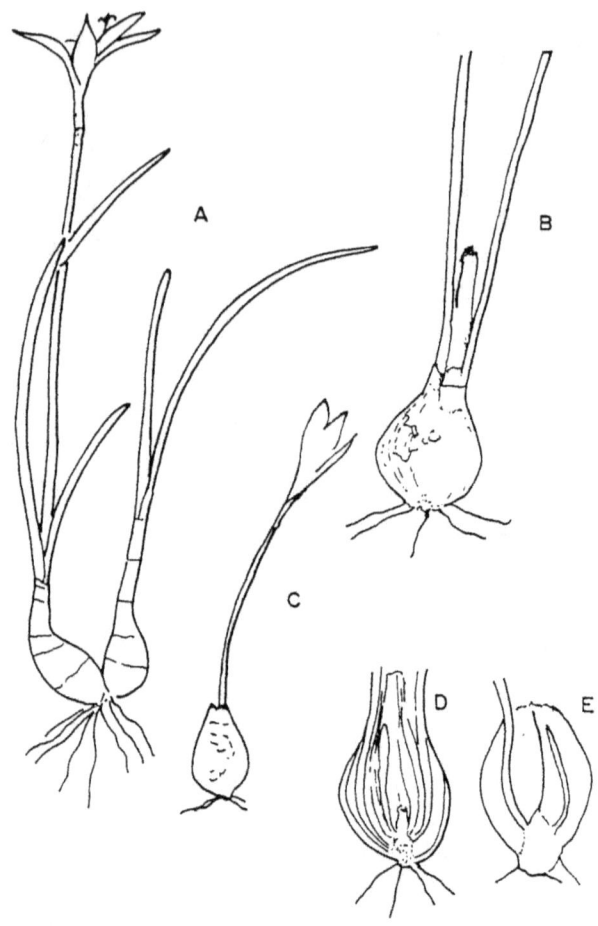

Zephiranthes rosea (Amaryllidaceae).

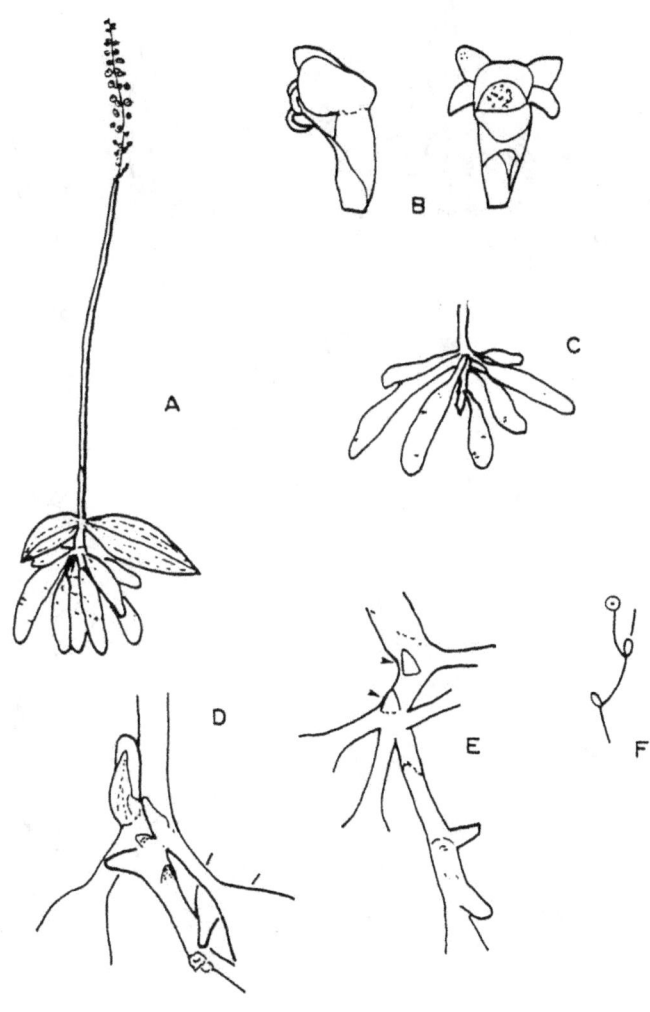

Brachystele guayanensis (Orchidaceae).

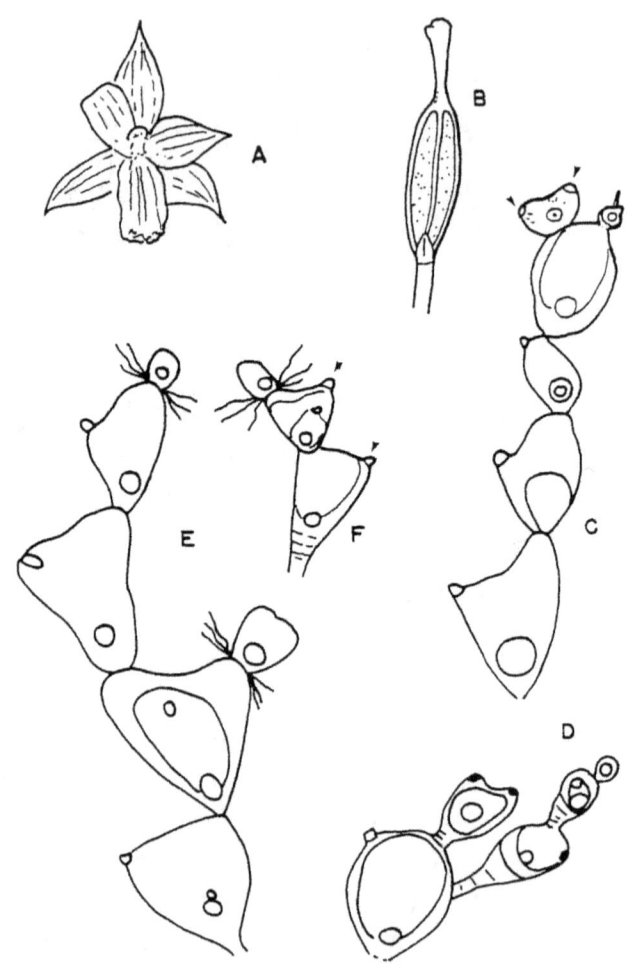

Bletia campanulata (Orchidaceae).

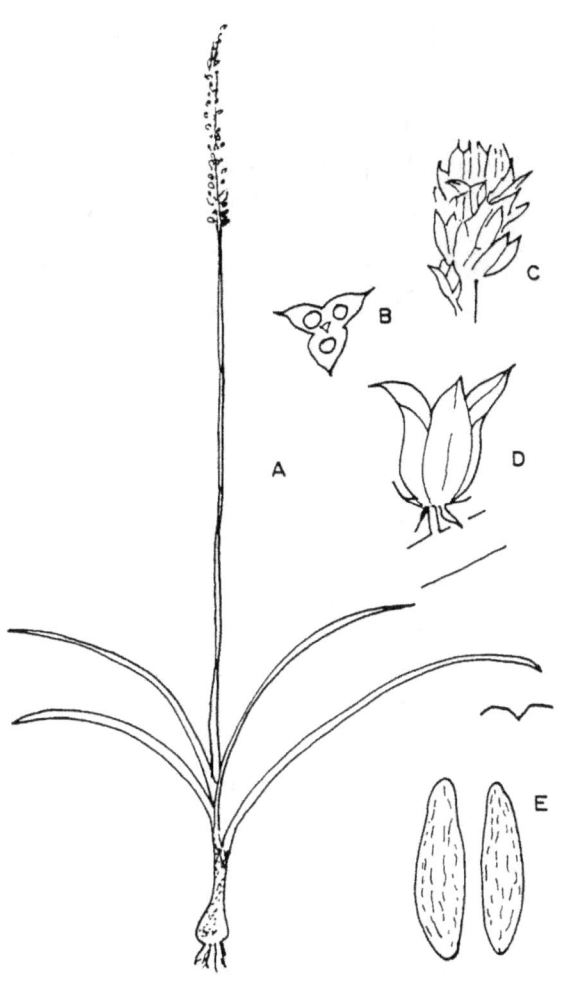

Schoenocaulon officinale (Melanthiaceae).

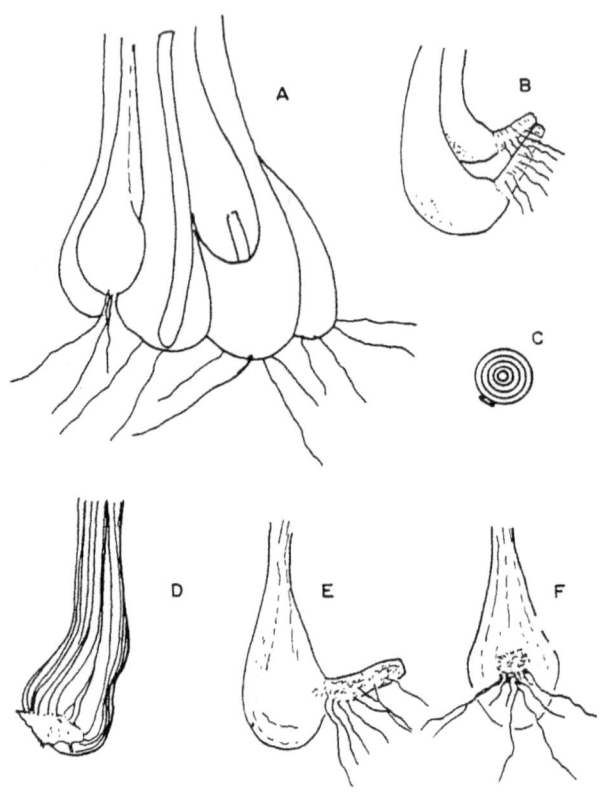

Schoenocaulon officinale (Melanthiaceae).

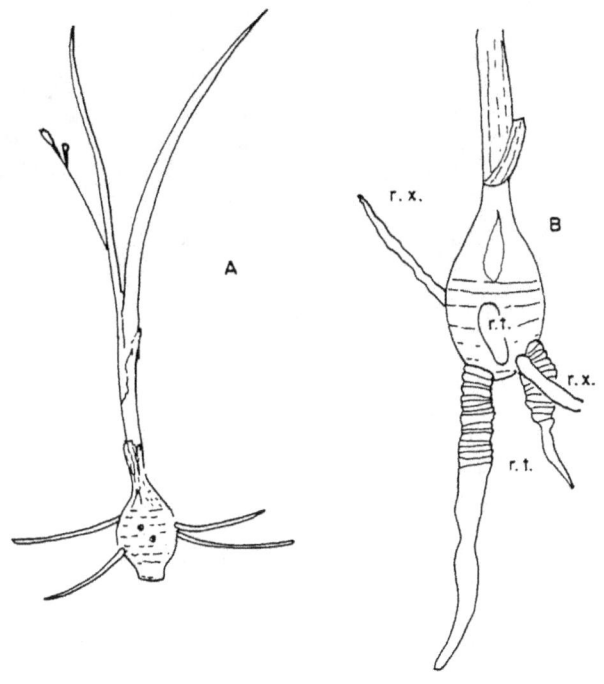

Hypoxis decumbens (Hypoxidaceae).

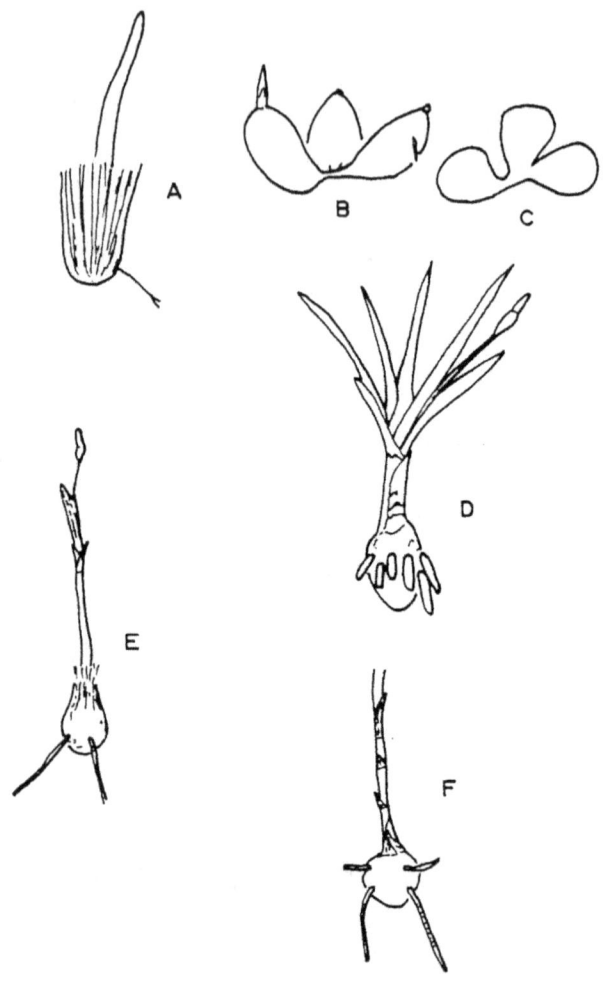

Hypoxis decumbens (Hypoxidaceae).

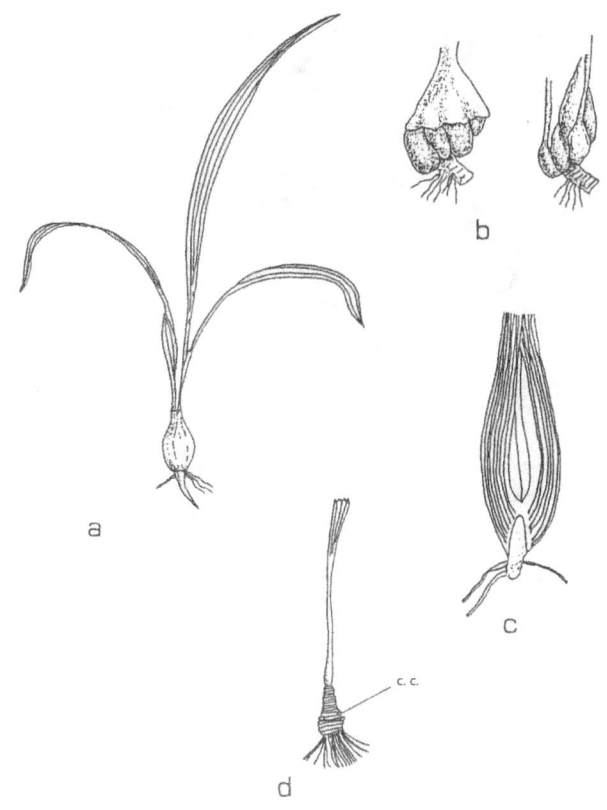

Eleutherine bulbosa (Iridaceae).

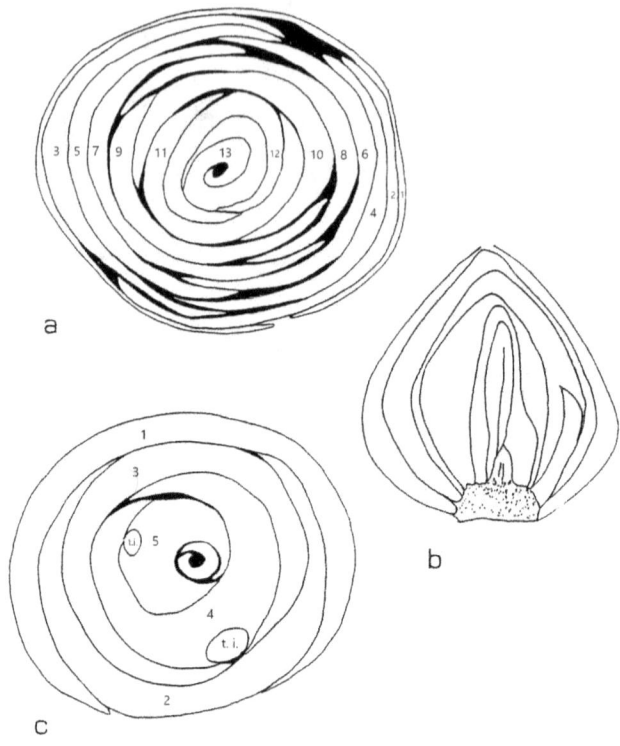

Eleutherine bulbosa (Iridaceae).

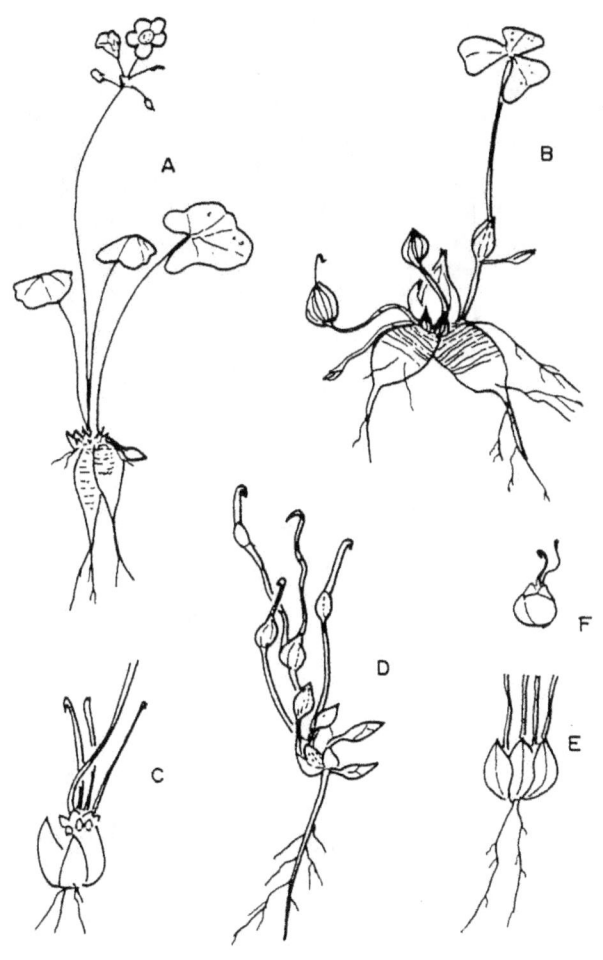

Oxalis latifolia (Oxalidaceae).

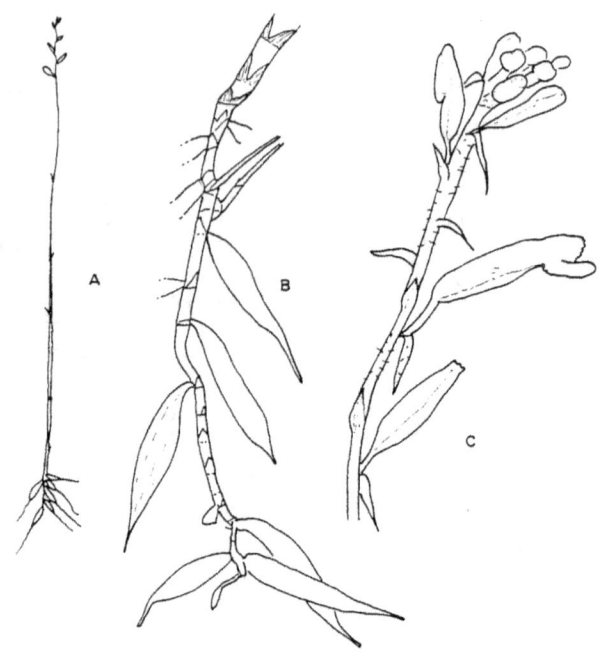

Wullschlaegelia aphylla (Orchidaceae).

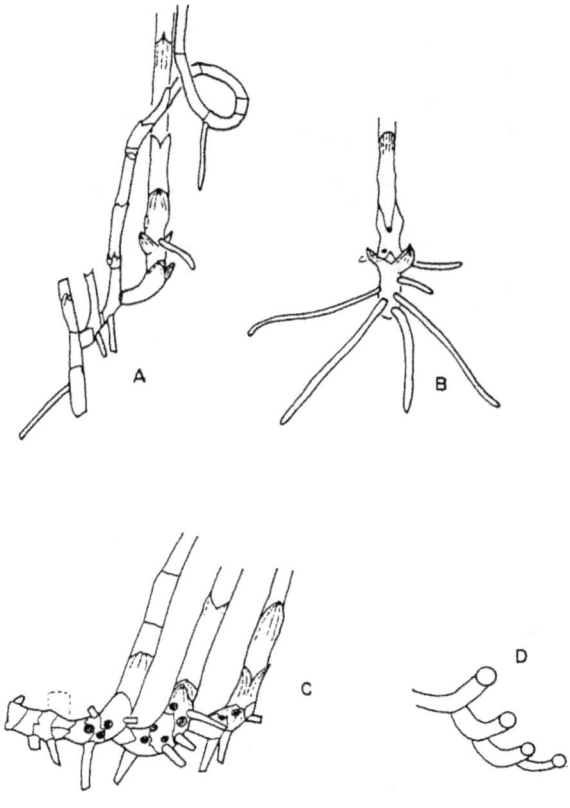

Corymborchis flava (Orchidaceae).

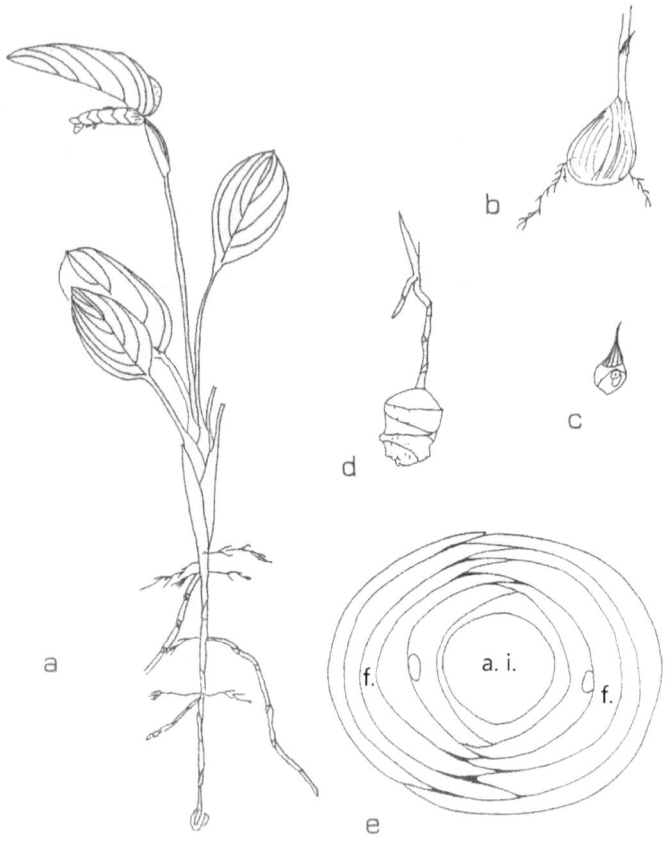

Myrosma cannaefolia (Marantaceae).

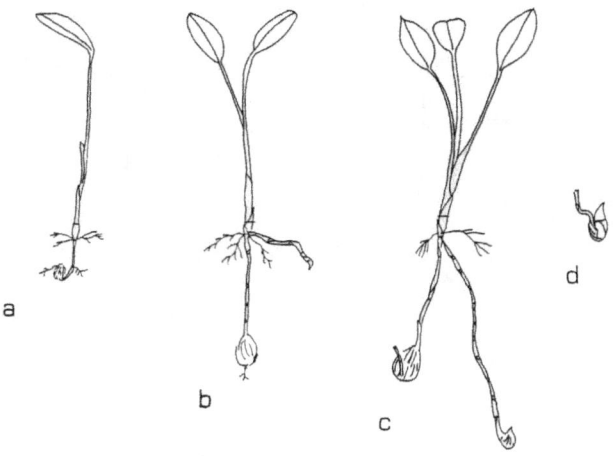

Myrosma cannaefolia (Marantaceae).

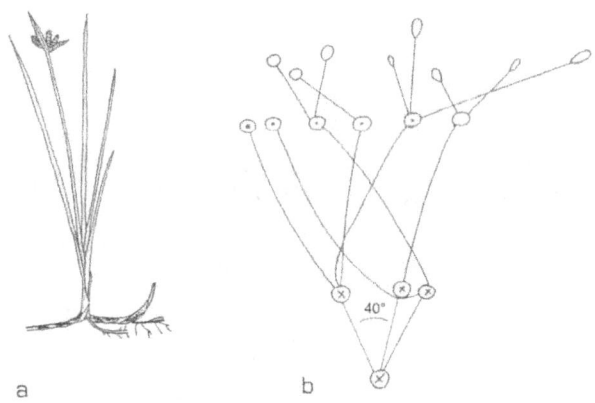

Hypolytrum pulchrum (Cyperaceae).

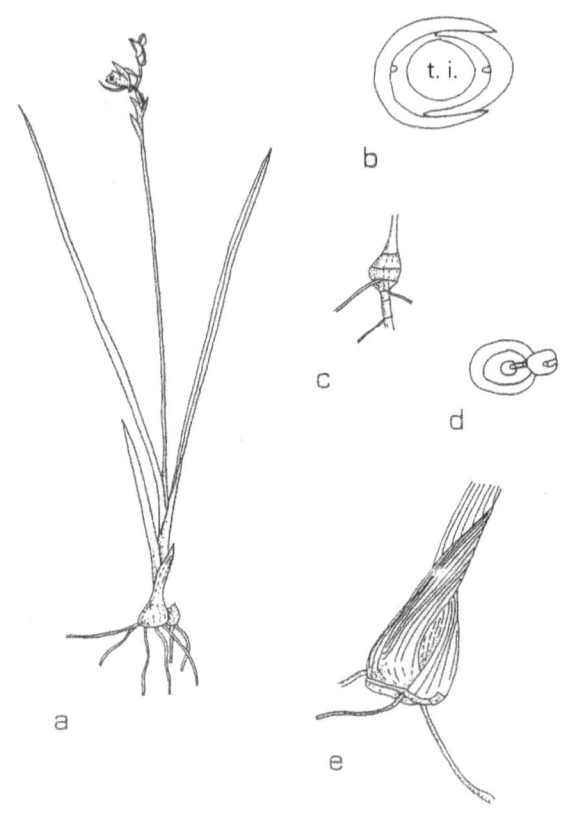

Galeandra styllomisantha (Orchidaceae).

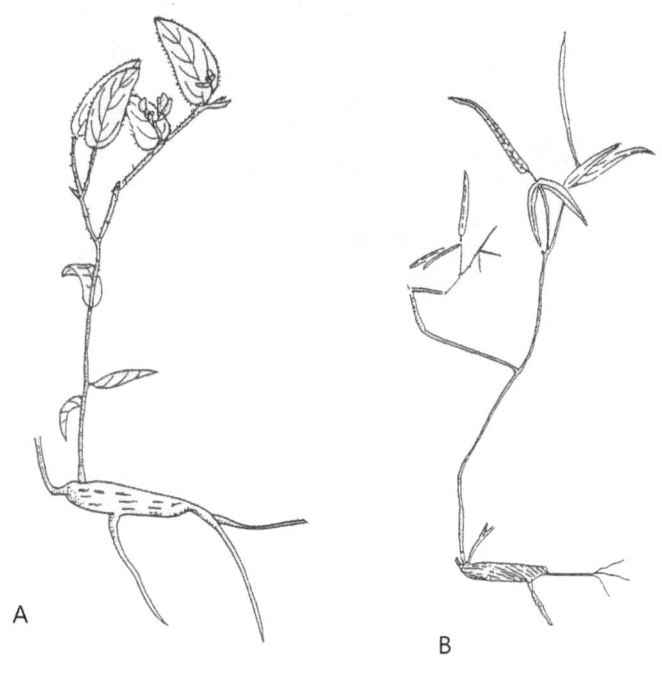

Eriosema simplicifolium (Fabaceae) (A).
Macroptilium gracile (Fabaceae) (B).

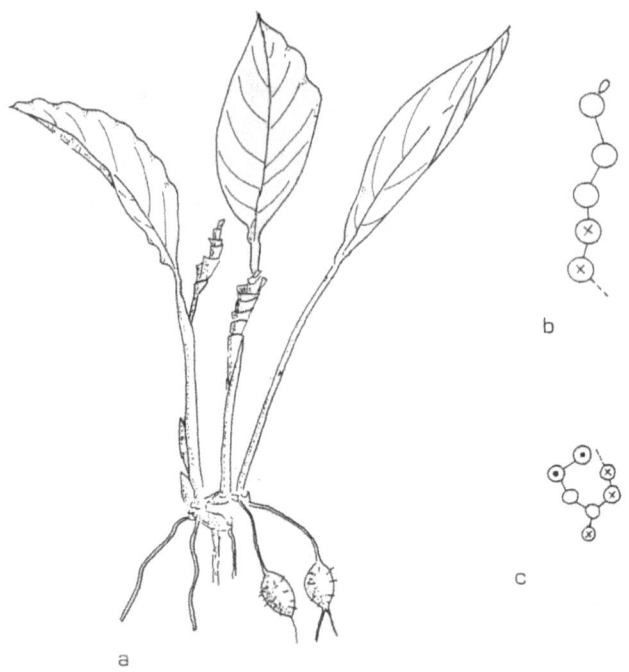

Calathea maasiorum (Marantaceae).

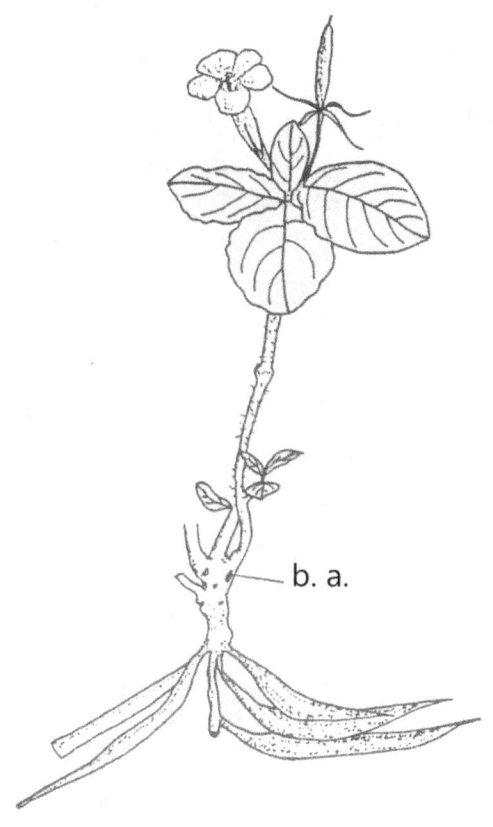

Ruellia geminiflora (Acanthaceae).

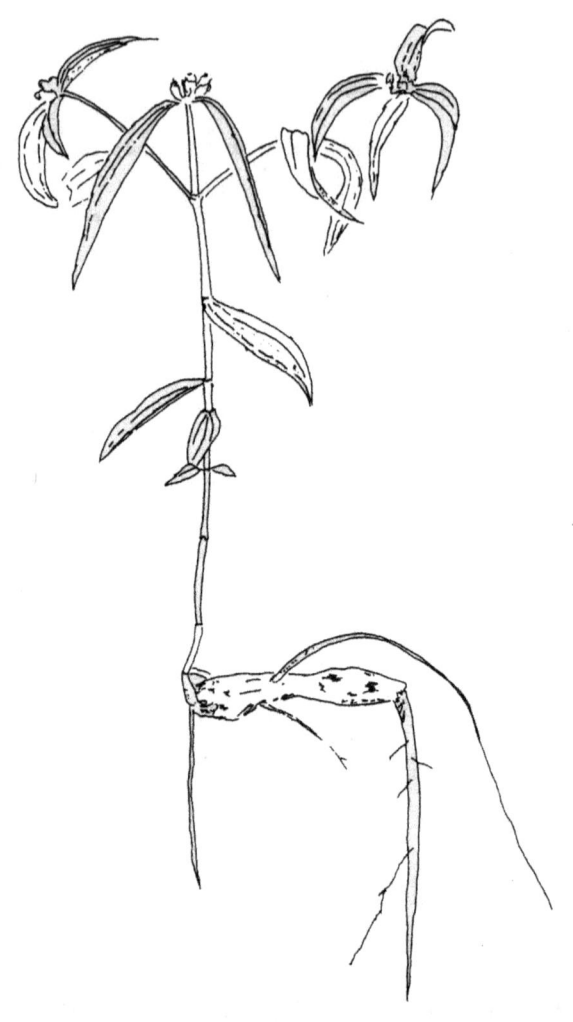

Ichtyothere terminalis (Asteraceae).

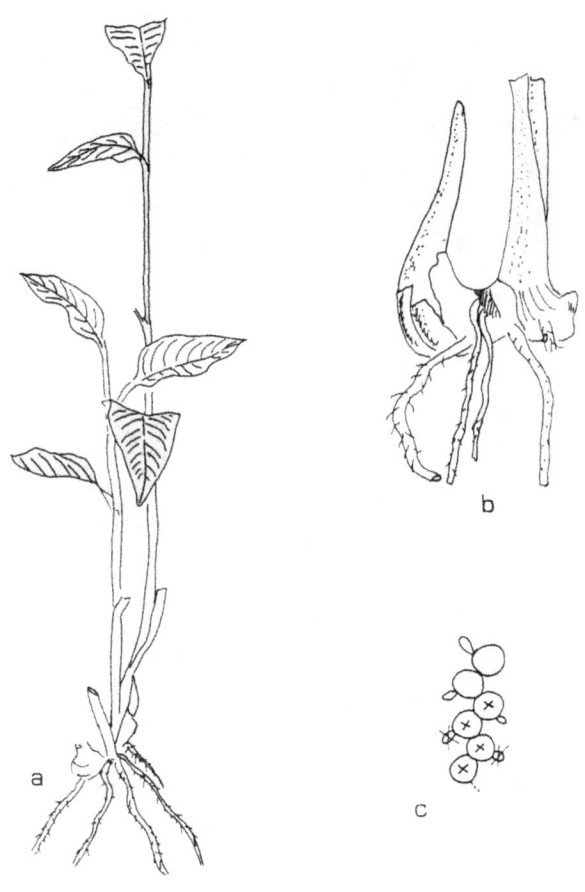

Canna indica (Cannaceae).

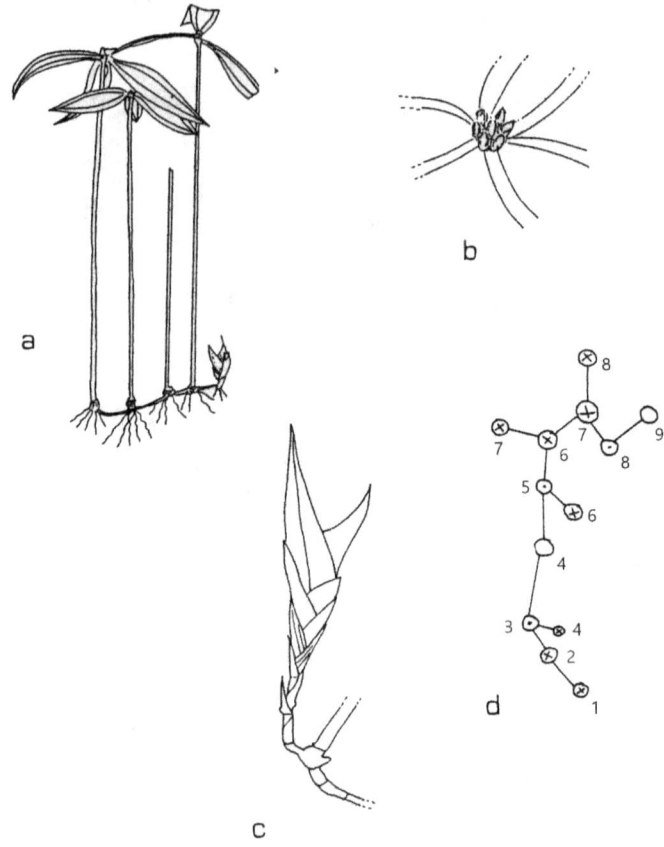

Mapania sylvatica (Cyperaceae).

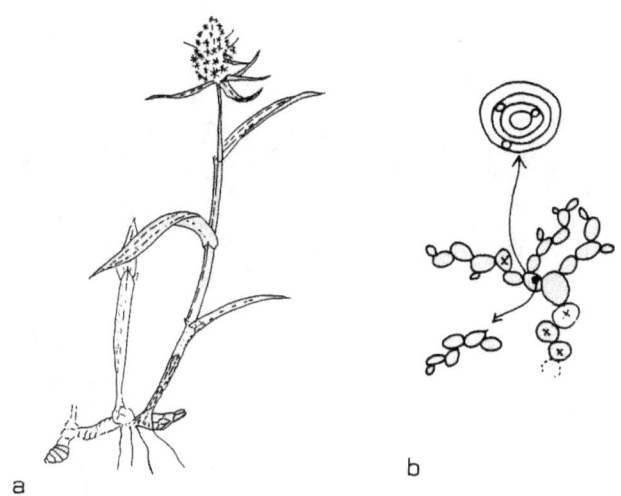

Scleria cyperina (Cyperaceae).

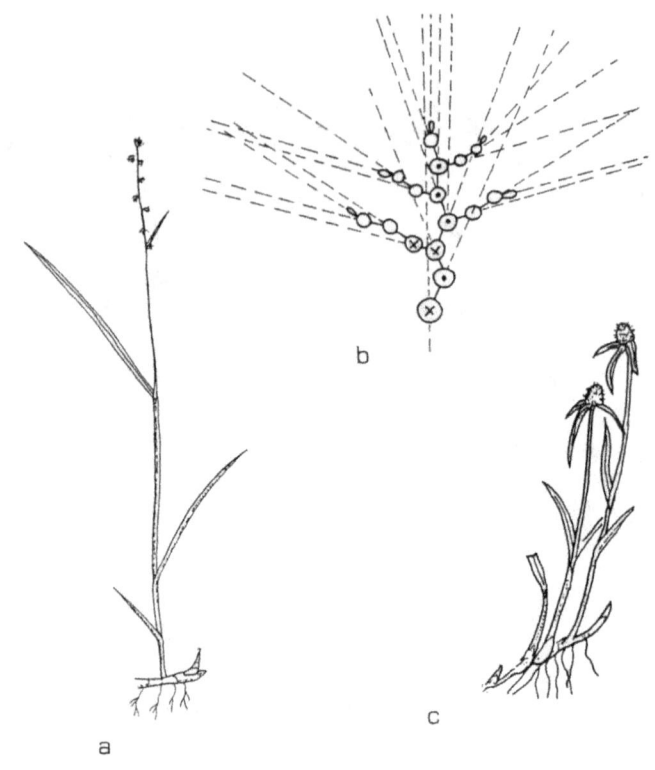

Scleria distans (Cyperaceae) (a, b). *Kyllinga pumila* (Cyperaceae) (c).

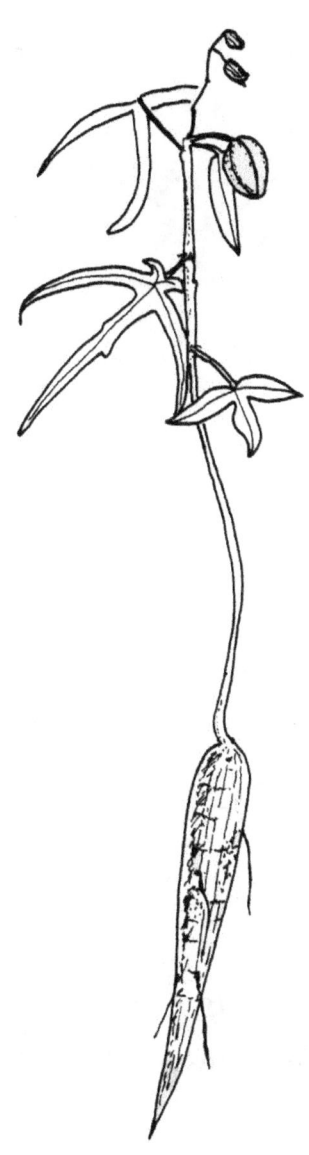

Manihot esculenta (Euphorbiaceae).

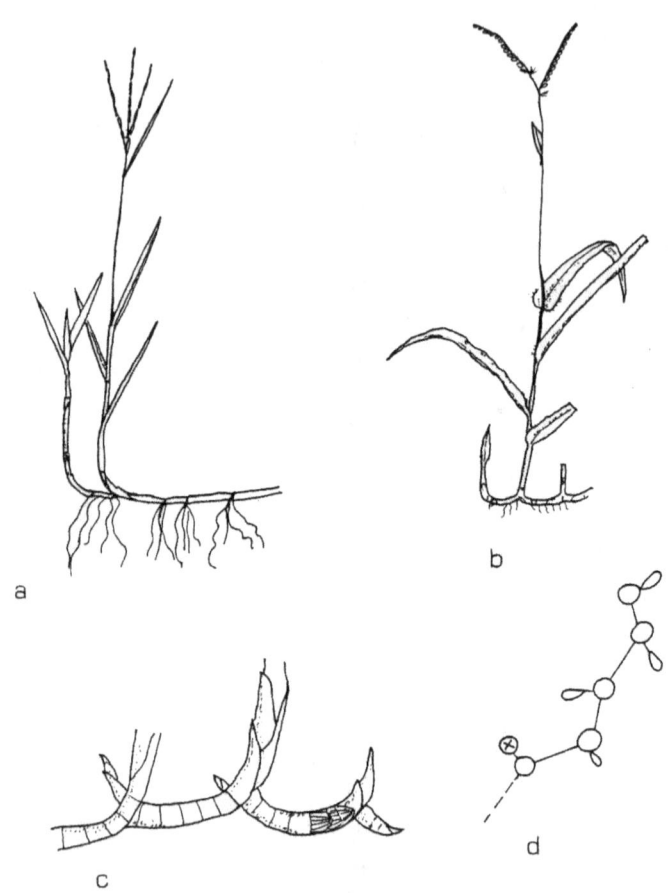

Spartina brasiliensis (Poaceae) (a).
Paspalum maritimum (Poaceae) (b, c, d).

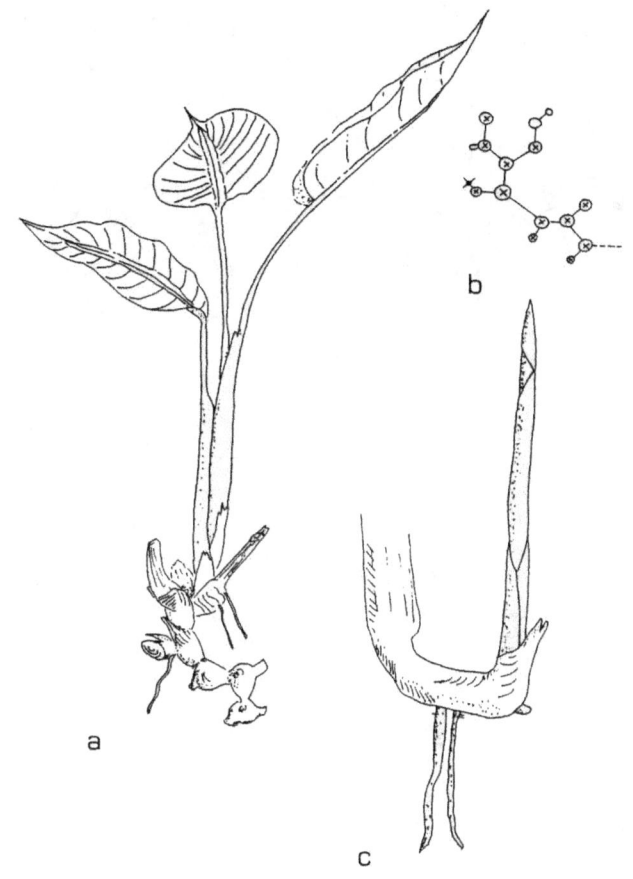

Heliconia densiflora (Heliconiaceae).

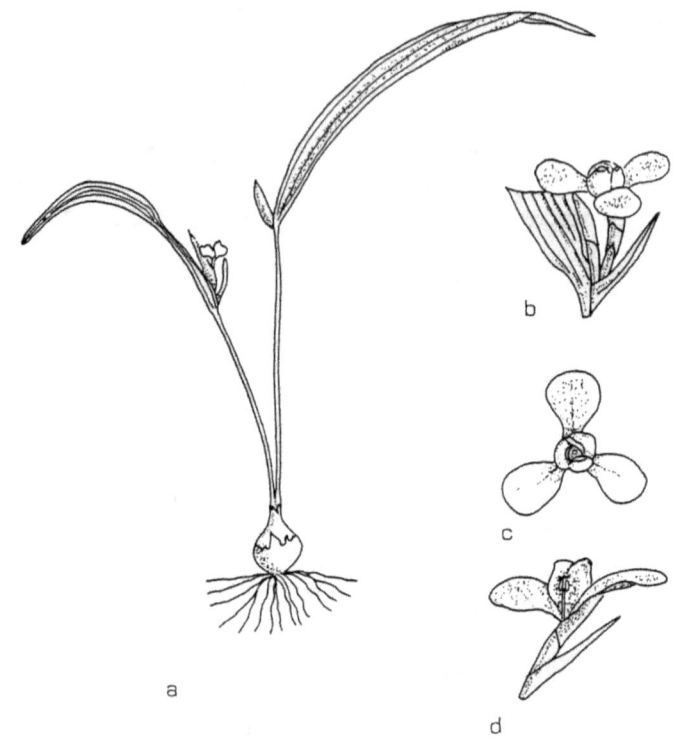

Cipura paludosa (Iridaceae).

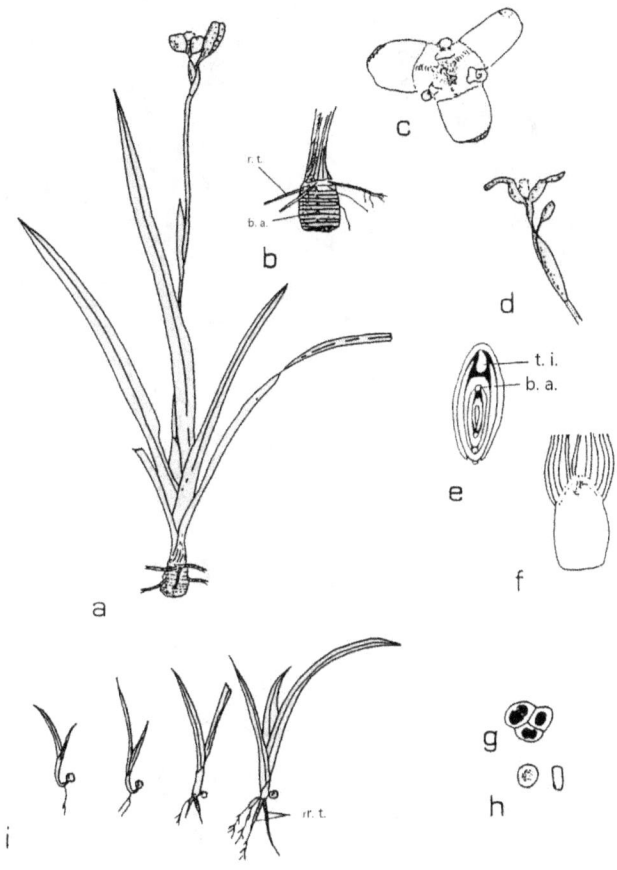

Trimezia martinicensis (Iridaceae).

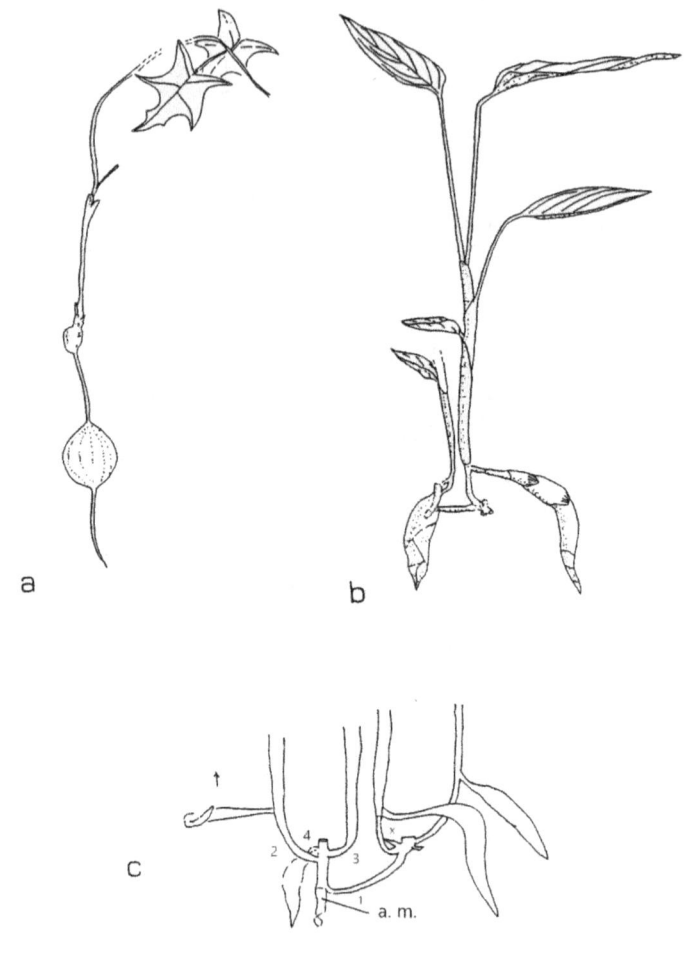

Stigmaphyllon sinuatum
(Malpighiaceae) (a). *Stromanthe tonckat*
(Marantaceae) (b, c).

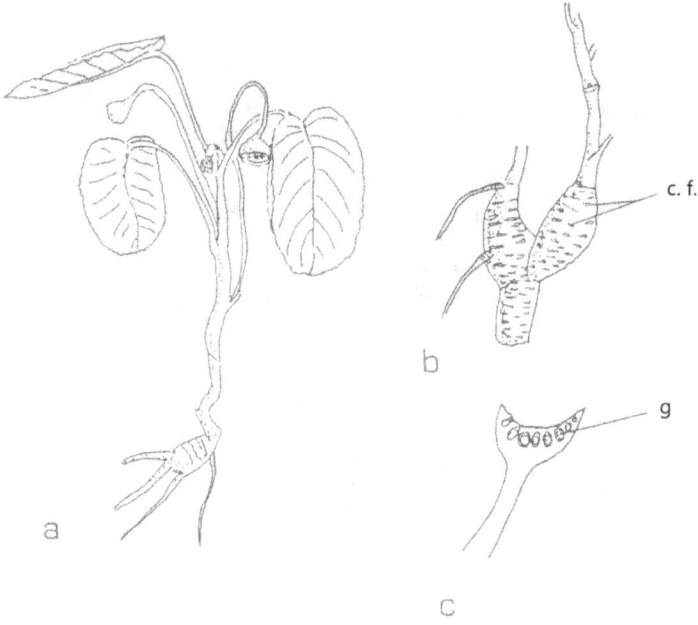

Dorstenia brasiliensis (Moraceae).

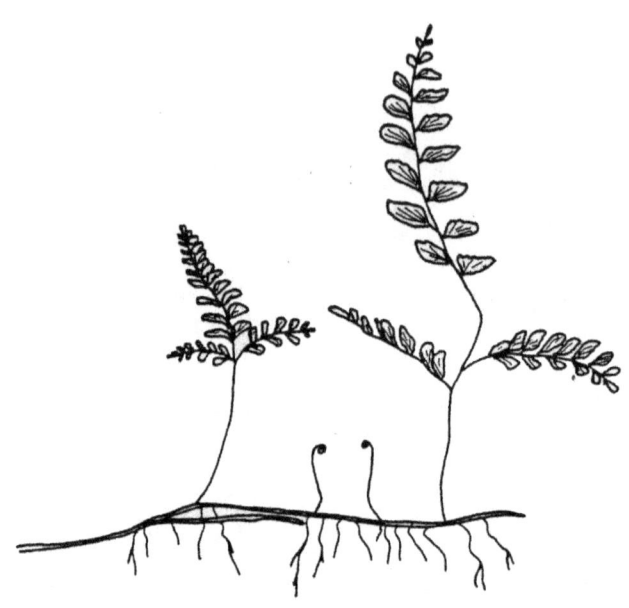

Adiantum serrato-dentatum (Adiantaceae).

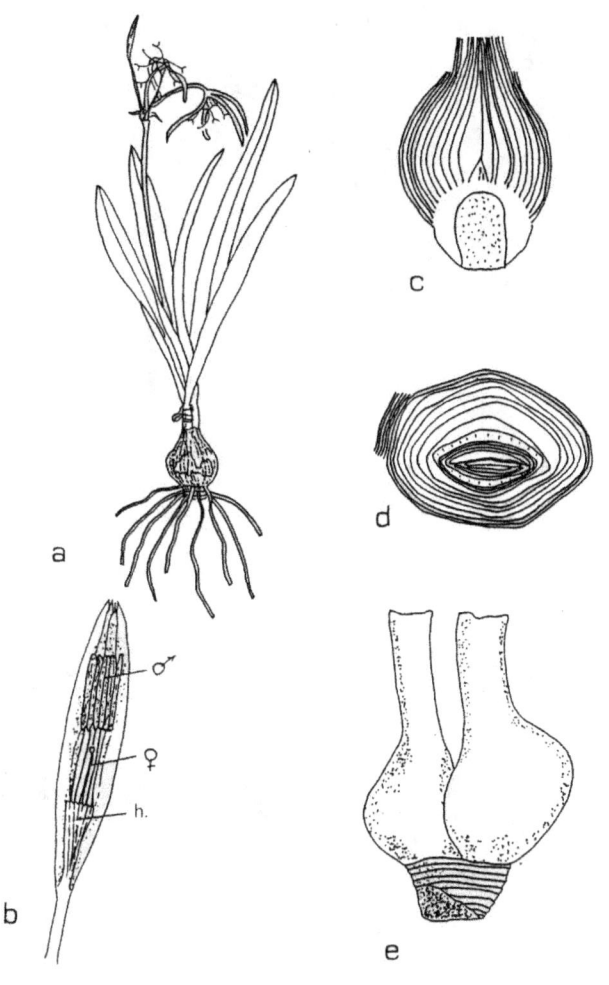

Hymenocallis littoralis (Amaryllidaceae).

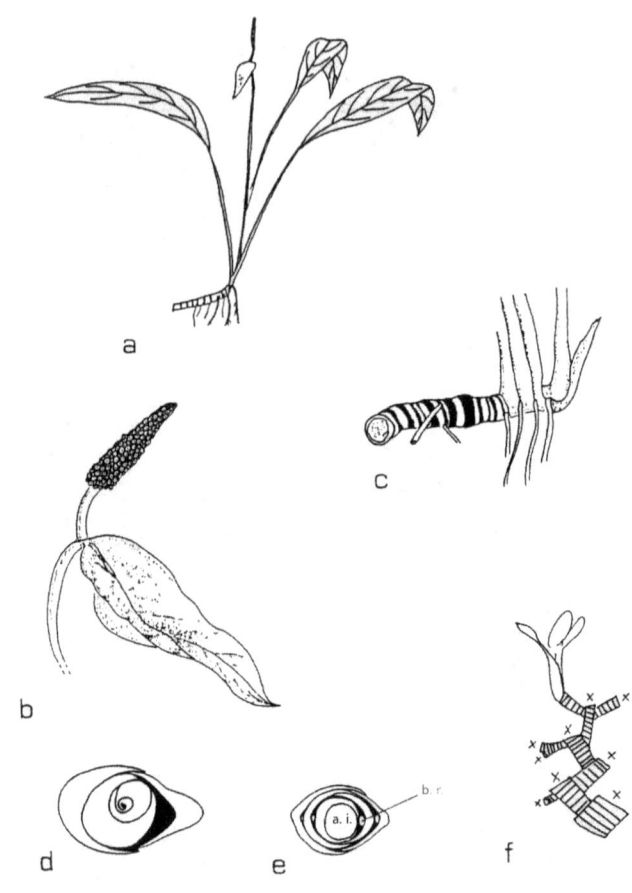

Spathiphyllum humboldtii (Araceae).

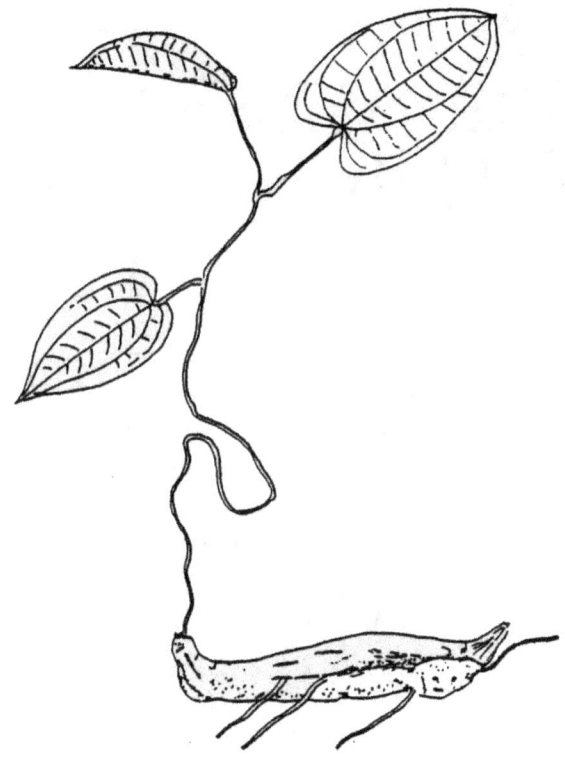

Dioscorea melastomatifolia (Dioscoreaceae).

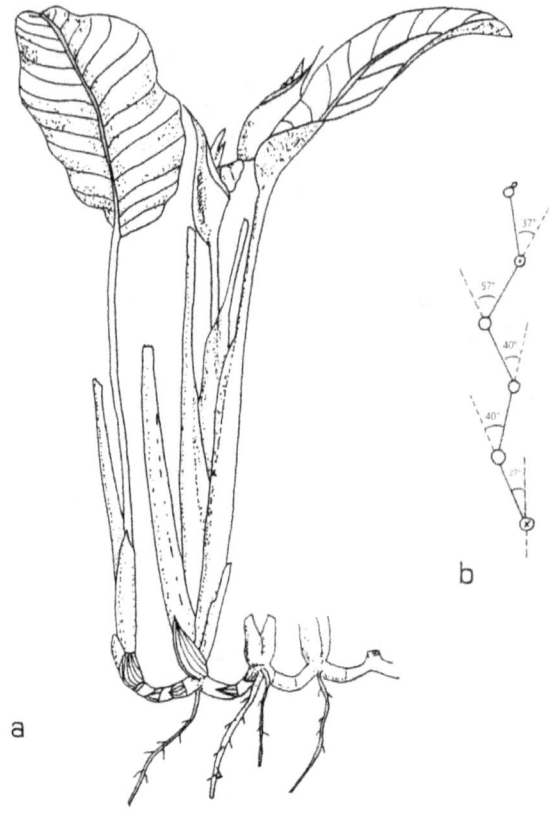

Heliconia lourteigiae (Heliconiaceae).

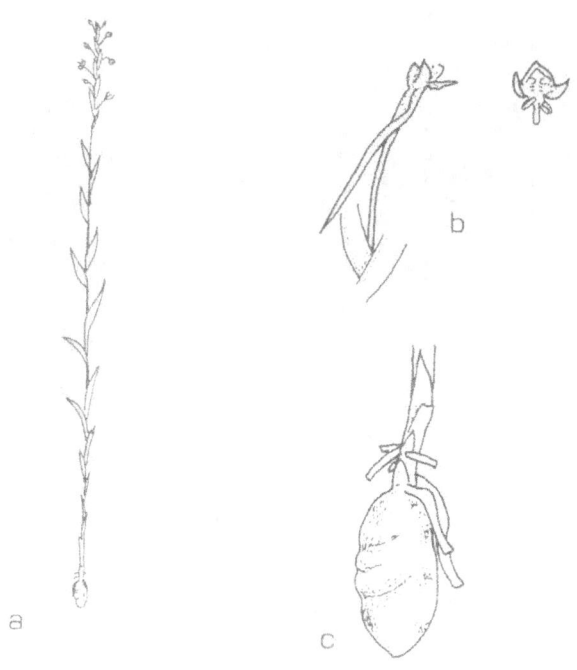

Habenaria rodeiensis (Orchidaceae).

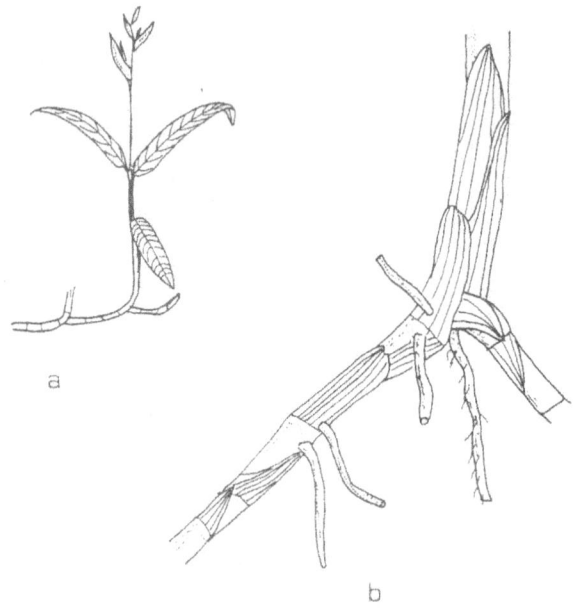

Heliconia psittacorum (Heliconiaceae).

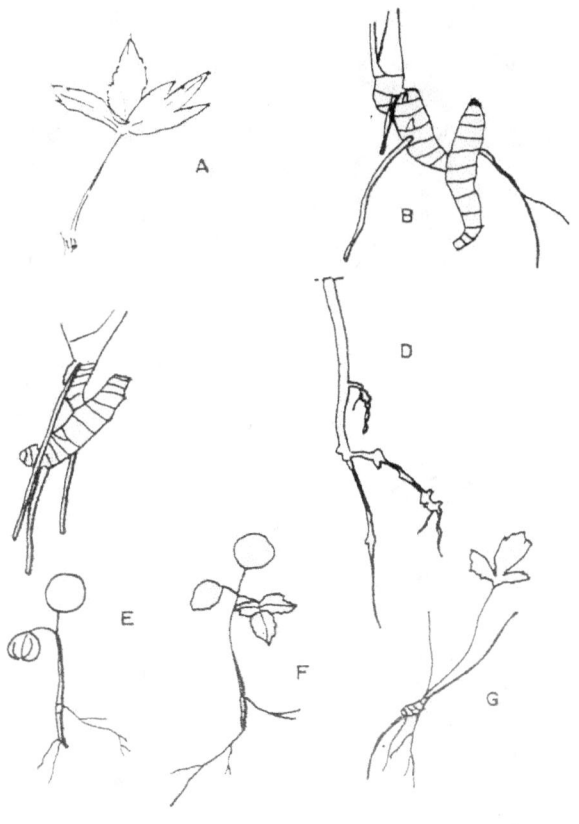

Sanicula liberta (Apiaceae).

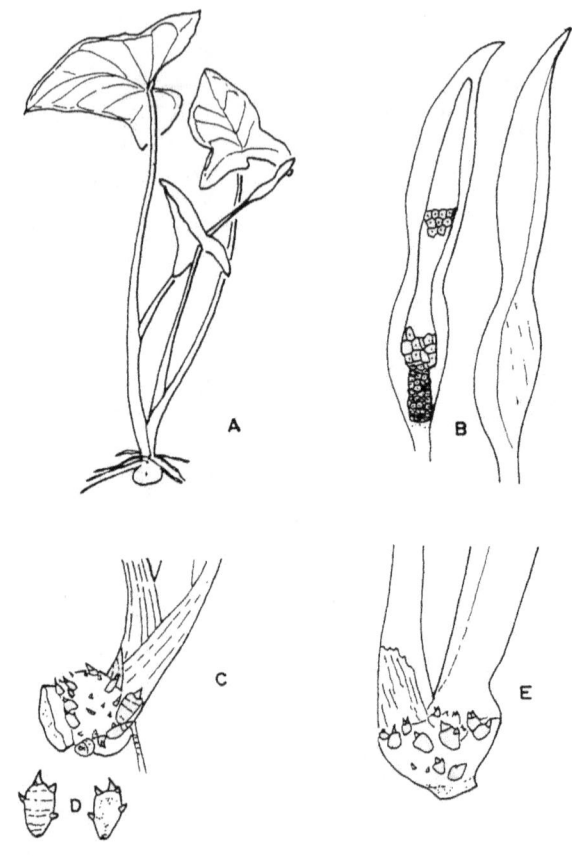

Xanthosoma nitidum (Araceae).

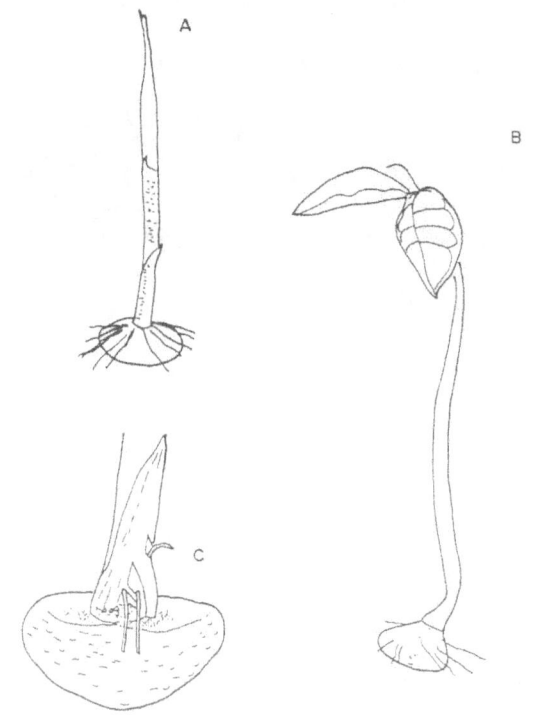

Xanthosoma nitidum (Araceae).

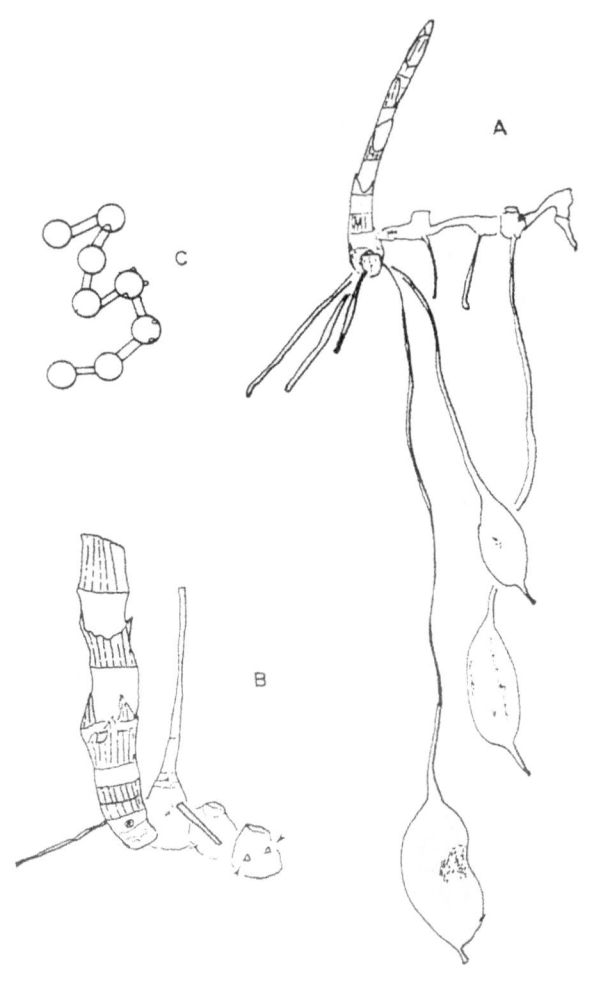

Dichorisandra hexandra (Commelinaceae).

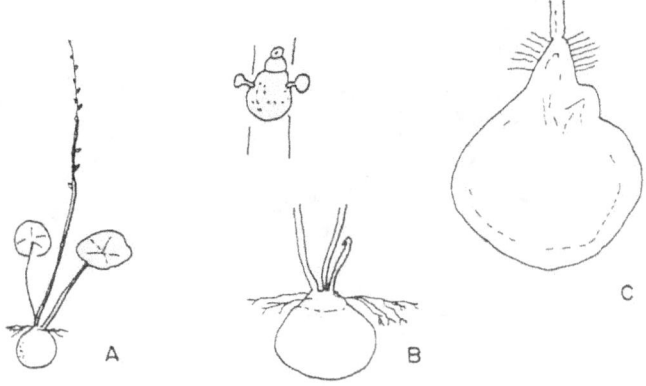

Peperomia peruviana (Piperaceae).

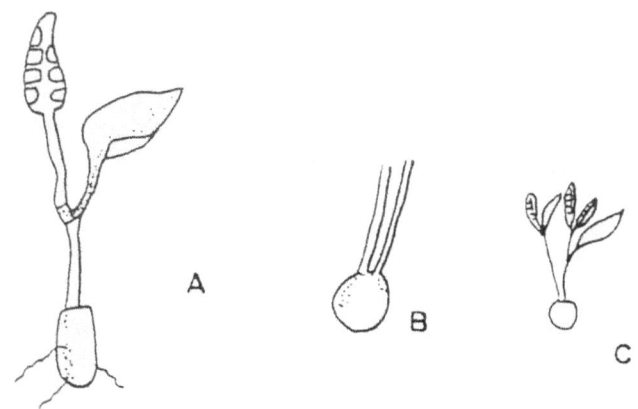

Ophioglossum crotalophoroides (Ophioglossaceae).

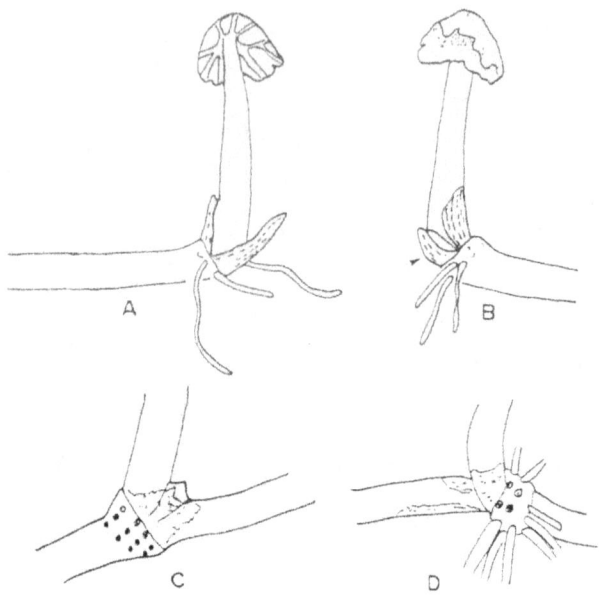

Hydrocotyle umbellata (Apiaceae).

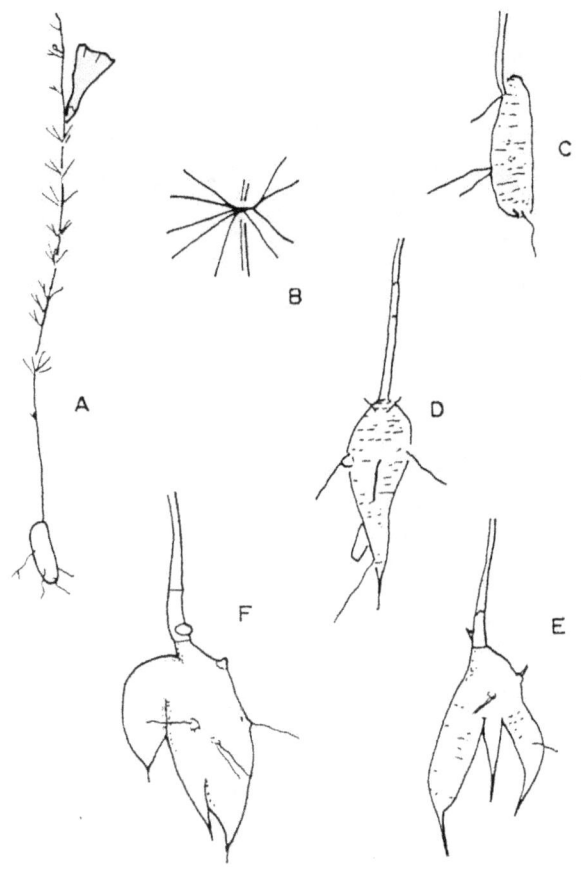

Ipomoea capillacea (Convolvulaceae).

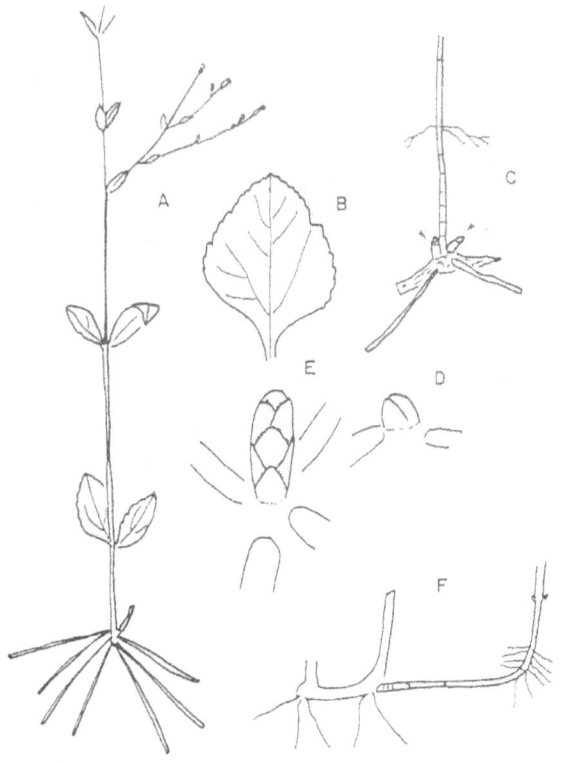

Stevia elatior (Asteraceae).

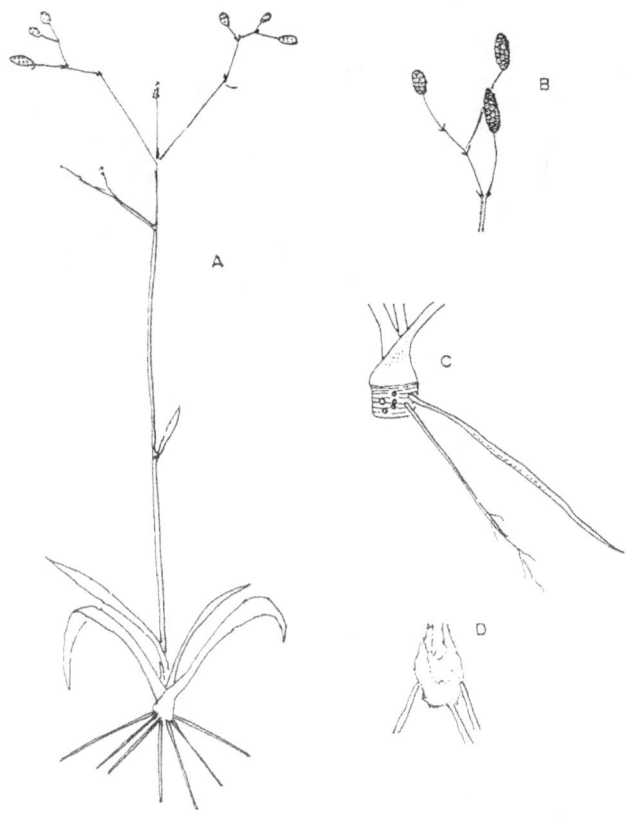

Eryngium ebracteatum (Apiaceae).

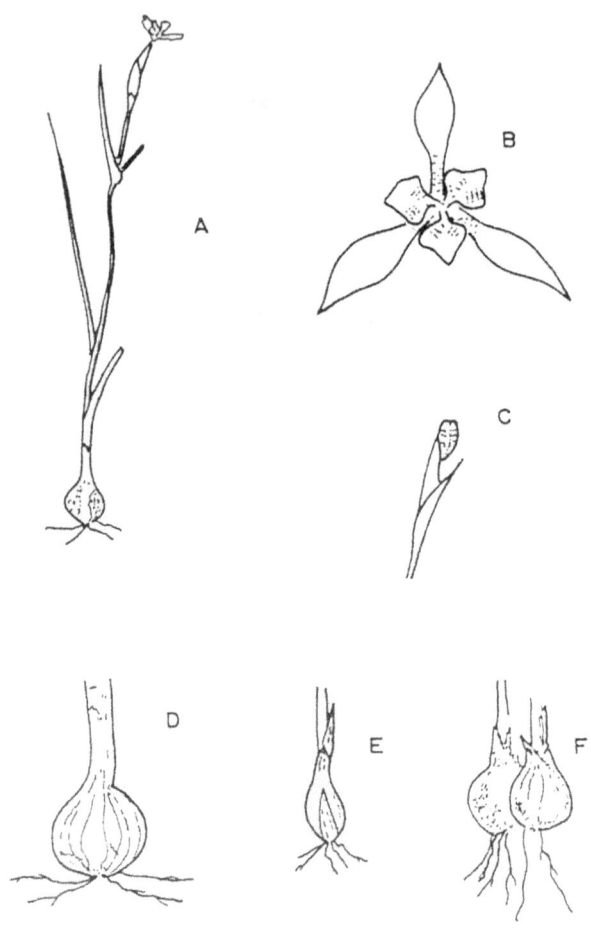

Cypella linearis (Iridaceae).

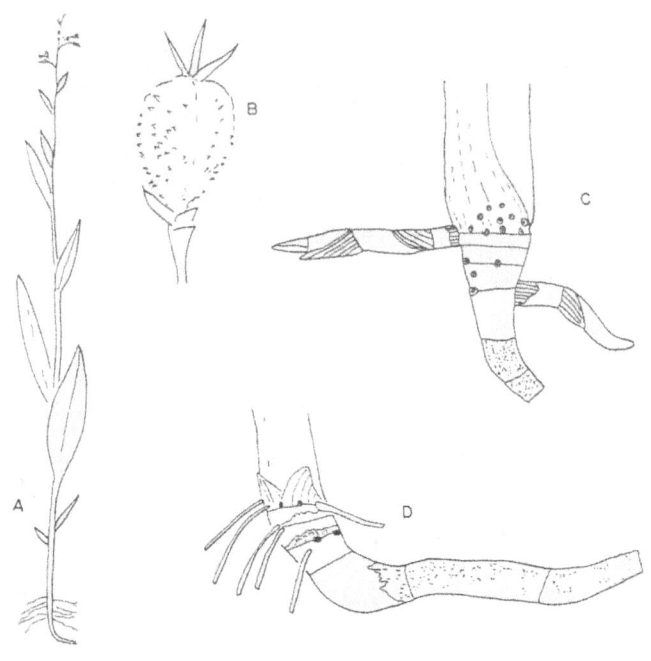

Canna glauca (Cannaceae).

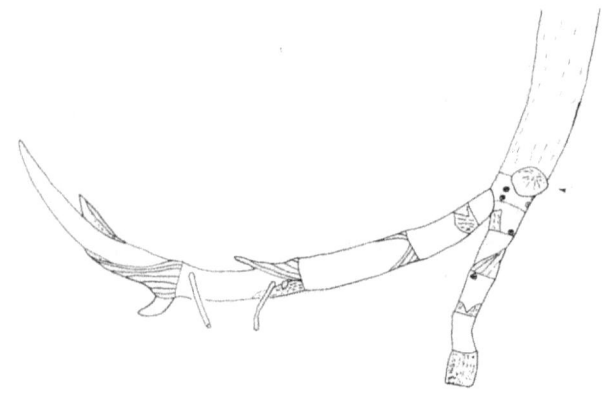

Canna glauca (Cannaceae).

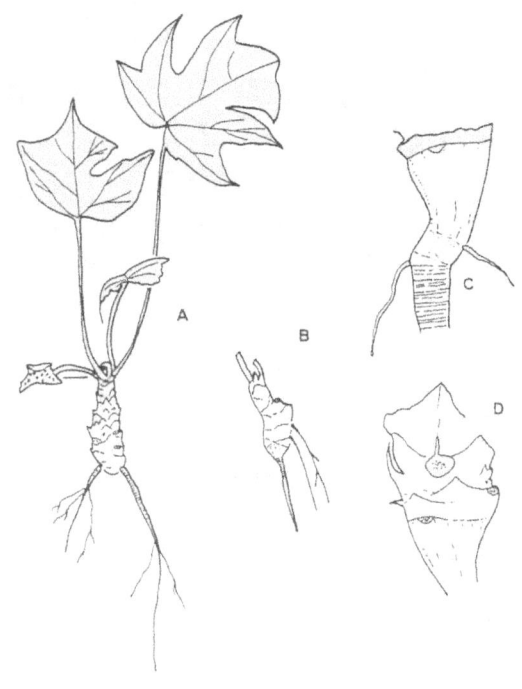

Dorstenia contrajerva (Moraceae).

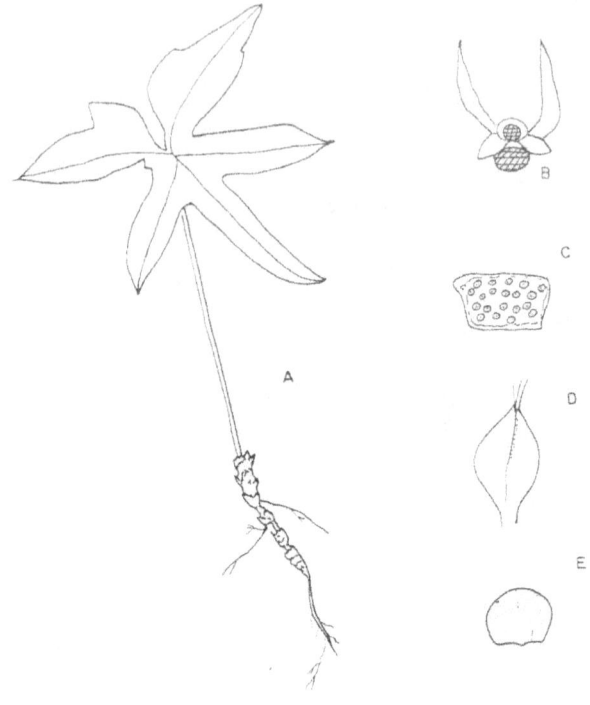

Dorstenia contrajerva (Moraceae).

ISSN 0357 4512

INTERNATIONAL AEROBIOLOGY NEWSLETTER

BIANNUAL PUBLICATION OF THE INTERNATIONAL ASSOCIATION FOR AEROBIOLOGY

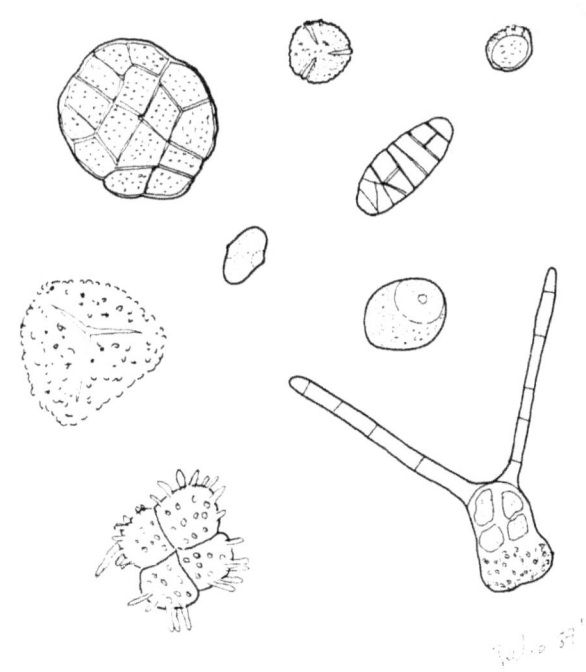

OCTOBER 1987　　　　　　NO. 26

Cover Illustration - The cover illustration for this issue was sent in by Dr. Ines de Hurtado, Caracas, Venezuela. She writes "I suomit the accompanying drawing for the cover of the newsletter. It is the work from my associate Julio Alson-Haran. In Caracas, Venezuela, we recover year-round a varied lot of pollen grains and spores. A few of them are illustrated. Next to spores of fern, *Dictyoarthrinium, Pleospora, Spegazzinia* and *Tetraploa*. The less familiar pollen grains of Menispermaceae (*Cissampelos*), Piperaceae, Moraceae (*Cercropia*), and Urticales may be seen."

A few pollen grains and fungal spores carried by the air.

www.ingramcontent.com/pod-product-compliance
Lightning Source LLC
Chambersburg PA
CBHW070650220526
45466CB00001B/382